JÚRI E OUTROS PROCEDIMENTOS PENAIS ESPECIAIS

SÉRIE ESTUDOS JURÍDICOS: DIREITO CRIMINAL

Bruna Isabelle Simioni Silva

Rua Clara Vendramin, 58 . Mossunguê . Cep 81200-170 . Curitiba . PR . Brasil
Fone: (41) 2106-4170 . www.intersaberes.com . editora@intersaberes.com

Conselho editorial Dr. Ivo José Both (presidente), Dr. Alexandre Coutinho Pagliarini, Drª Elena Godoy, Dr. Neri dos Santos, Dr. Ulf Gregor Baranow ■ **Editora-chefe** Lindsay Azambuja ■ **Gerente editorial** Ariadne Nunes Wenger ■ **Assistente editorial** Daniela Viroli Pereira Pinto ■ **Preparação de originais** Palavra Arteira Edição e Revisão de Textos ■ **Edição de texto** Letra & Língua Ltda.; Monique Francis Fagundes Gonçalves ■ **Capa** Luana Machado Amaro ■ **Projeto gráfico** Mayra Yoshizawa ■ **Diagramação e *designer* responsável** Luana Machado Amaro ■ **Iconografia** Regina Claudia Cruz Prestes

Dados Internacionais de Catalogação na Publicação (CIP)
(Câmara Brasileira do Livro, SP, Brasil)

Silva, Bruna Isabelle Simioni
  Júri e outros procedimentos penais especiais/Bruna Isabelle Simioni Silva. Curitiba: InterSaberes, 2021. (Série Estudos Jurídicos: Direito Criminal)

  Bibliografia.
  ISBN 978-85-227-0352-4

  1. Direito penal 2. Jurisdição penal 3. Procedimento penal I. Título. II. Série.

21-73483   CDU-343.1

Índices para catálogo sistemático:
1. Procedimento e processo penal: Direito penal 343.1
Cibele Maria Dias – Bibliotecária – CRB-8/9427

1ª edição, 2021.
Foi feito o depósito legal.

Informamos que é de inteira responsabilidade da autora a emissão de conceitos.

Nenhuma parte desta publicação poderá ser reproduzida por qualquer meio ou forma sem a prévia autorização da Editora InterSaberes.

A violação dos direitos autorais é crime estabelecido na Lei n. 9.610/1998 e punido pelo art. 184 do Código Penal.

Sumário

11 ▪ Prefácio

15 ▪ Apresentação

Capítulo 1
19 ▪ Sujeitos processuais

24 | Juiz

50 | Ministério Público

62 | Acusado

66 | Defensor

79 | Assistente

85 | Peritos, intérpretes e funcionários da Justiça

Capítulo 2
87 ▪ Comunicação dos atos processuais

91 | Citação e garantias

122 | Outras formas de comunicação dos atos processuais

126 | Contagem dos prazos processuais

Capítulo 3
131 ▪ Procedimentos penais

134 | Distinção dos procedimentos

138 | Procedimentos penais comuns

171 | Procedimento especial do Tribunal do Júri

197 | Crimes praticados pelo funcionário público
202 | Crimes contra a honra
204 | Juizado Especial de Violência Doméstica e Familiar contra a Mulher

Capítulo 4
213 ▪ **Decisões processuais penais e coisa julgada**
214 | Controle de constitucionalidade da norma
216 | Decisões: conceitos e elementos
232 | Coisa julgada

237 ▪ *Considerações finais*
239 ▪ *Lista de siglas*
241 ▪ *Referências*
259 ▪ *Sobre a autora*

Aos meus pais, Paulo (**sempre presente**) e Lucimari, por serem a razão da minha existência, pelos valiosos ensinamentos, pelo amor e pela dedicação. Ao Guilherme, por todo o amor, pela paciência e pelo incentivo. Ao Bruno e ao Pietro, por todo o amor!

Amo vocês!

De modo semelhante à história dos quartos registradas por Perrot, no lugar masculino onde cresce a também inteligência processualista penal brasileira, o quarto individual é tão visitado quanto o quarto do rei. Algumas poucas mulheres têm sua escrivaninha neste quarto, contudo, como já disse, sem que se questionem as premissas a partir das quais deveria emergir um pensamento crítico e libertário que, por suposto, não pode ser excludente do feminino.

(Mendes, 2020, p. 11.)

Prefácio

O tema abordado na obra *Júri e outros procedimentos processuais penais* é deveras instigante, em especial para aqueles que, notoriamente, são apaixonados pelo direito penal e pelo processo penal, como é o caso da autora.

Na alvorada de sua juventude, Bruna Isabelle Simioni Silva ingressou na carreira jurídica e, hoje, trilha como advogada, professora e pesquisadora, contribuindo para o aprendizado dos alunos e para a transformação de vida daqueles que pretendem galgar um cargo público por intermédio de concurso ou, ainda, ser aprovados no temido exame de ordem. Já ouvi, em algum dos caminhos por mim percorridos na advocacia, sobretudo na esfera do chamado *direito criminal*, que a atuação na área penal e no júri não é para qualquer um. De fato, não é.

Para desempenhar esse ofício e se lançar em um palco ainda escasso da presença feminina, é imperioso ter muita garra, persistência, conhecimento e postura. Nesse caso, a autora representa com maestria sua classe, eis que, docente e dedicada também à escrita, agora nos presenteia com esta obra, que contempla, em uma leitura didática e translúcida, conceitos e procedimentos inerentes às áreas penal e processual penal.

O texto tem início com os principais atores envolvidos no processo, denominados *sujeitos processuais*, nos termos da previsão contida no Código de Processo Penal. A autora esclarece conceitos, atribuições, incidentes e garantias à luz da Constituição Federal de 1988, da doutrina e da legislação aplicável.

Em seguida, na parte que trata da comunicação dos atos processuais, a obra faz referência a autores atuantes no cotidiano da advocacia, o que contribui para aclarar e fundamentar o texto. Além disso, detalha as alterações inseridas pela lei no Código de Processo Penal, as citações e suas modalidades, bem como os prazos processuais.

No terceiro capítulo, a autora analisa os procedimentos penais e as distinções entre eles, destacando-se, aqui, o procedimento especial do Tribunal do Júri, oportunidade em que explora a primeira e a segunda fases que permeiam o processo no âmbito desse tribunal popular. Segue o texto trazendo os crimes praticados pelo funcionário público e as respectivas peculiaridades. Na sequência, aprecia os crimes contra a honra e o Juizado Especial de Violência Doméstica e Familiar contra a Mulher. Este último, tema de magnitude, é objeto de investigação da autora em outros escritos.

Ilustres leitores, no desfecho desta obra, encontram-se as decisões processuais penais e a coisa julgada. A autora evidencia a garantia da segurança jurídica aos indivíduos com base no Estado Democrático de Direito, bem como examina as modalidades de sentenças e a coisa julgada, diferenciando-as entre as modalidades formal e material.

A par disso, reside o texto na simplicidade e na objetividade com que são apresentados os temas, possibilitando a compreensão aprazível de conteúdos que, muitas vezes, não nos apercebemos na precocidade da seara jurídica.

Felicito, pois, a Ilustre autora, pela escrita e pela contribuição ao meio acadêmico.

Aos leitores, votos de excelente aprendizado.

Débora Veneral
Curitiba, inverno de 2021.

Apresentação

Nosso intuito nesta obra é apresentar uma parcela específica dos conteúdos de processo penal de forma harmônica, propiciando ao leitor a compreensão das temáticas com base nas concepções teóricas necessárias, na legislação e na jurisprudência atual, com vista a complementar os estudos e servir de indicativo prático sobre o assunto.

A abordagem teórica é realizada em uma sequência lógica e facilmente identificável na legislação, a fim de que tornar o estudo o mais didático possível, sem a necessidade de leituras prévias ou complementares para a compreensão de cada um dos itens.

Além da preocupação com a didática, adotamos uma linguagem clara e objetiva, a fim de facilitar o entendimento do leitor. De forma alguma, a verticalização do tema foi ignorada, principalmente quanto à necessária leitura dos conteúdos sob uma perspectiva crítica no que se refere à utilização de institutos próprios do direito processual penal, deixando de lado as "'regras de bolsa', utilizadas sem maior reflexão" (Rosa, 2019, p. 131).

Estruturamos a obra em quatro grandes capítulos, buscando tratar não apenas dos aspectos teóricos, mas também do entendimento jurisprudencial, quando pertinente, bem como de sua funcionalidade para a atuação prática. Inicialmente, analisamos os sujeitos processuais, ou seja, as pessoas que participam ativamente do processo penal, apresentando a respectiva conceituação, assim como as funções que exercem. A importância do estudo dos sujeitos processuais se verifica em razão da existência de limites de atuação destes diante da possibilidade de interferência no ânimo de julgamento do caso penal.

Em seguida, examinamos a comunicação dos atos processuais, com vistas a explicar como ocorre a ciência ao acusado de uma pretensão acusatória que foi formulada contra ele, além da intimação das partes, dos procedimentos em que é possível a realização da notificação do acusado e da forma de contagem de prazo no processo penal.

De posse de todas essas informações, analisamos, então, os procedimentos penais comuns e especiais previstos no Código de Processo Penal, Decreto-Lei n. 3.689, de 3 de outubro de 1941 (Brasil, 1941), destacando suas peculiaridades e hipóteses de cabimento. O estudo dos procedimentos é de extrema relevância para o processo penal, visto que não há possibilidade de condenar um sujeito sem que haja o devido processo legal e sem respeitar as regras processuais, de modo a garantir ao acusado direitos fundamentais.

Para que o processo penal tramite de forma regular, ele precisa respeitar um procedimento adequado, sabendo que quem apresenta uma pretensão acusatória buscando a tutela jurisdicional pretende que, ao final, seja proferida uma decisão. Diante disso, no último capítulo, abordamos as formas de decisões processuais penais e a coisa julgada.

Todos os capítulos refletem a prática da advocacia criminal e dão base à atuação dos que pretendem, de forma segura e com bases sólidas, atuar na área, aprendendo minuciosamente os detalhes do processo penal.

Ao longo da leitura de cada um dos capítulos, é possível verificar que toda a temática foi indicada à luz dos dispositivos constitucionais, visando demonstrar a necessidade de aplicação e efetividade de um sistema acusatório, bem como a concretização de direitos e garantias fundamentais.

Esperamos que você aproveite a leitura e aprimore seus conhecimentos!

Capítulo 1

Sujeitos processuais

O Código de Processo Penal, Decreto-Lei n. 3.689, de 3 de outubro de 1941 (Brasil, 1941), dispõe, em seu Título VIII, sobre o juiz, o Ministério Público, o acusado, o defensor, os assistentes e auxiliares de Justiça, ou seja, os chamados *sujeitos processuais*.

É necessário compreender quem são os sujeitos processuais, haja vista que o processo penal democrático tem sua interação a partir deles, os quais "ocupam lugares e funções próprias" (Rosa, 2020, p. 435), estabelecendo as diretrizes de atuação[1] de acordo com um "contexto situado no tempo e espaço".

São pessoas que atuam no processo de maneira distinta[2] (Pacelli, 2018), com interesse ou não na questão em que se desenvolve o processo (Marcão, 2018). E é primoroso ressaltar que, quando se trata de parte no processo penal, devem ser estabelecidos limites e categorias próprias do direito processual penal.

---

[1] "A abordagem da teoria dos jogos para o campo do processo penal. Daí que o processo, em suas formas, espaço e tempo, delimita a dinâmica das atividades particulares e regula a produção probatória, tendente a promover a resposta estatal. E os personagens que participam do jogo, de sua quadra, são sujeitos em formações diversas (Mapas Mentais), não só como trajetória de vida, mas também teóricas. A divergência de encadeamentos dos significantes do trajeto narrativo operado pelos jogadores, conforme seus Mapas Mentais, especialmente no tocante à teoria do delito, desde o causalismo, passando pelo finalismo ou mesmo imputação objetiva, pode alterar a leitura subjetiva da mesma situação de vida [...]. Será necessário construir um esquema formal de pensamento para cada interação processual" (Rosa, 2020, p. 494).

[2] Existem doutrinadores, a exemplo de Norberto Avena, Renato Marcão e Edilson Mougenot Bonfim, que classificam os sujeitos processuais em duas ordens: "sujeitos principais ou essenciais: são aqueles cuja existência é fundamental para que se tenha uma relação jurídica processual regularmente instaurada. Consistem nas figuras do juiz, do acusador (Ministério Público ou querelante) e do acusado" e "sujeitos secundários, acessórios ou colaterais: são os que, embora não imprescindíveis à formação do processo, nele poderão intervir a título eventual com o objetivo de deduzir uma determinada pretensão. É o caso do assistente de acusação e do terceiro interessado" (Avena, 2020, p. 85).

Quando se trata de parte, "no sentido técnico que lhe empresta a boa doutrina processual, refere-se tanto àquela pessoa que pede algo em juízo quanto àquela perante a qual é feito o pedido" (Pacelli, 2020, p. 335), enquadrando-se nas figuras de autor e réu. Ao passo que o processo civil se baseia na atividade jurisdicional, a partir de uma relação jurídica existente entre as partes que têm uma pretensão resistida, no processo penal essa relação não acontece da mesma forma, haja vista as categorias próprias existentes, bem como a impossibilidade de tentar adequá-las.

Surge, então, a questão sobre a inexistência de partes no processo penal, em razão da inexistência de um conflito de interesses qualificado por uma pretensão resistida. A questão envolta é decorrente da dificuldade de transportar conceitos e elementos da teoria geral do processo, primeiramente porque não é possível afirmar a existência de uma resistência do acusado e, na tentativa de adequar a categoria, alude-se a uma pretensão insatisfeita, visto que somente seria possível a aplicação e a satisfação do direito penal com o processo.

Em um segundo momento, a inadequação surgiria do conceito de interesse, que, de fato, é comum ao processo civil e ao processo penal. Entretanto, as consequências derivadas dos processos são completamente diferentes, pois, no processo civil, "nitidamente de direito privado, a satisfação do interesse resulta, quase sempre, em proveito do credor" (Pacelli, 2020, p. 337), e no processo penal não é possível realizar a mesma afirmação:

> A condenação do réu à sanção privativa da liberdade não resultará em proveito da vítima nem mesmo do Estado, na ação penal pública. Por maior que seja, eventualmente, o desejo e a satisfação do "espírito" da vítima com a condenação do réu, não se pode extrair daí a consequência de estarmos diante de um legítimo conflito de interesses, sobretudo porque, em qualquer teoria da pena que se queira adotar, à exceção de uma Justiça de fundo exclusivamente restaurativo, a aplicação da sanção penal jamais atenderá ao interesse particular da vítima. Em todas essas hipóteses, a pena do Direito Penal é instituída em atenção ao interesse público, e não da vítima, daí por que também público o interesse da persecução penal. (Pacelli, 2020, p. 337)

Com o objetivo de tentar, novamente, adequar o conceito ao processo penal, esclarecemos que o conflito de interesses é "entre o *ius puniendi* do Estado e o direito de liberdade do acusado" (Pacelli, 2020, p. 337), mas também não é possível acomodá-lo no campo processual penal:

> Direito de punir exerce o Estado quando elabora a criação dos tipos penais, estabelecendo padrões de comportamentos tolerados e modelos de condutas inaceitáveis, as quais, por critérios de reprovabilidade, seja quanto a elas mesmas (condutas), seja quanto aos resultados que delas emergem, serão objeto de punibilidade, segundo as regras do Direito Penal vigente. Esse direito não é mais ou outra coisa senão expressão da soberania do Estado, no ponto em que se afirma livre para a elaboração de suas leis.

Levada a questão para o seio do processo, e não mais do direito material, revela-se inteiramente inadequada a construção que põe em campos opostos o possível conflito entre interesses ligados à punição e à liberdade.

Evidentemente, mesmo no plano lógico, a privação da liberdade opõe-se ao exercício dessa mesma liberdade. Disso ninguém duvida. O que não é certo, porém, é afirmar que o Estado esteja sempre no exercício de um direito de punir quando se encontra no polo ativo de uma ação penal. E isso até mesmo porque o interesse do Estado, na questão penal, não se resume à atuação do Ministério Público, nela intervindo, de modo soberano, o poder jurisdicional. Mas não é só. (Pacelli, 2020, p. 337).

Em que pese a existência da vítima no processo penal, da qual, em diversos casos, deriva a iniciativa e a legitimação para a persecução penal, uma possível sentença condenatória ao final não se reverte em favor da vítima, visto que "o Estado **deve** a ação penal não só à vítima, mas a toda a comunidade jurídica, potencialmente interessada na proteção dos direitos" (Pacelli, 2020, p. 336, grifo do original).

Nas ações penais, que buscam a condenação do acusado[3], que têm como autor da ação, nos casos de ação penal pública, o Ministério Público, este "não exerce direito em face do Estado,

---

3 "no processo penal, em regra – a exceção diz respeito às ações penais privadas e às ações penais não condenatórias (habeas corpus, mandado de segurança em matéria penal, revisão criminal etc.) –, a denominada relação processual, que envolveria as partes e o juiz, recebe outra configuração" (Pacelli, 2020, p. 335).

mas tão somente o dever que resulta do fato, previsto em lei, de ser ele o legitimado para a persecução penal" (Pacelli, 2020, p. 336). Deve, sobretudo, "reforçar a posição da parte passiva, fortalecendo o sistema acusatório com o estabelecimento da igualdade de armas, do contraditório, e, por fim, com o abandono completo de todo e qualquer resíduo do verbo totalitário" (Lopes Júnior, 2020a, p. 585). Rompe-se, então, com a ideia de um processo que tem o acusado como objeto, superando o sistema inquisitório e o "considerando-se agora no seu devido lugar: como parte no processo penal" (Lopes Júnior, 2020, p. 585).

— 1.1 —

Juiz

O juiz é um funcionário do Estado que atua na solução dos casos penais, em decorrência do princípio da inafastabilidade da jurisdição previsto no art. 5º, inciso XXXV, da Constituição Federal (Brasil, 1988), o qual dispõe que "a lei não excluirá da apreciação do Poder Judiciário lesão ou ameaça a direito".

Por muito tempo se entendeu que o juiz era a figura central[14] do processo, entretanto, atualmente, não é mais possível

---

4 "Assim, pois, se aqueles que estão perante o juiz para serem julgados são partes, quer dizer que o juiz não é parte. Com efeito, os juristas dizem que o juiz está *super partes*; por isso, o juiz está no alto e o imputado embaixo, por baixo dele; um na cela, outro sobre a cátedra. Igualmente, o defensor está abaixo, referente ao juiz; pelo contrário, se o Ministério Público está ao seu lado, isto constitui um erro, que mediante uma consciência em torno da mecânica do processo se terminará por ratificar. O juiz, todavia, é também um homem; se é um homem, ele também é uma parte" (Carnelutti, 2009, p. 43).

concordar com essa afirmação, considerando que cada um dos sujeitos desempenha papel relevante no processo penal. A figura do juiz não o torna mais importante na relação, mas sim um sujeito distinto dos demais, responsável pela condução e regularidade do processo e representando o "guardião da eficácia do sistema de garantias, logo, como limitador e controlador" (Lopes Júnior, 2017b, p. 139). Tal papel freia "a volúpia acusatória do promotor de Justiça, aparando excessos" (Limongi, 2018), mantendo a ordem no curso dos respectivos atos. Ao final do procedimento, o juiz deve proferir julgamento sobre a causa que lhe é apresentada de forma adequada[15].

— 1.1.1 —
Ingresso na magistratura

O ingresso na carreira da magistratura ocorre mediante concurso público de provas e títulos, com a participação da Ordem dos Advogados do Brasil (OAB) em todas as fases, sendo exigido bacharelado em Direito, comprovação de três anos de

---

5 "O intérprete há de compreender os textos e a realidade, pois o Direito é um dinamismo contemporâneo à realidade. Ao intérprete – vinculado pela objetividade do Direito, não pela minha ou pela sua justiça – incumbe não apenas ler, compreender os textos, mas também a realidade. Mas não é só, pois há uma diferença essencial entre justiça e Direito, *lex* e *jus*. Os juízes aplicam o Direito, não fazem justiça. O que caracteriza o Direito moderno é a objetividade da lei, a ética da legalidade. Não me cansarei de repetir que os juízes interpretam/aplicam a Constituição e as leis, não fazem justiça" (Grau, 2018).

prática da atividade jurídica[16] [17] e "obedecendo-se, nas nomeações, à ordem de classificação" (Alves, 2014, p. 123). Os provimentos dos cargos estão ligados à disponibilidade orçamentária, bem como à necessidade do serviço, conforme a Resolução n. 75, de 12 de maio de 2009 (Brasil, 2011a).

A realização de concurso público para o ingresso na primeira instância, ou seja, primeira camada jurisdicional, representou a independência do Poder Judiciário, visto que, em um tempo não muito remoto, havia a possibilidade de nomeação pelo Chefe do Executivo, conforme previsto na Lei n. 5.010, de 30 de maio de 1966 (Brasil, 1966), com relação aos juízes federais (Alves, 2014, p. 123).

Em conformidade com o art. 93, inciso I, da Constituição Federal, o cargo inicial é o de juiz substituto, que difere de juiz vitalício:

---

6   A definição da atividade está prevista no art. 59 da Resolução n. 75/2009, sendo então considerada a que é exercida exclusivamente pelo bacharel em Direito: o efetivo exercício da advocacia anual em pelo menos cinco atos privativos de advogado em causas distintas; o exercício de cargo, emprego ou função, estando incluído o magistério superior, que exija a utilização de conhecimento jurídico; o exercício de conciliador em tribunais judiciais, juizados especiais, varas especiais, anexos de juizados especiais ou de varas judiciais, pelo período mínimo de 16 horas mensais e durante 1 ano; o exercício de atividade de mediação ou de arbitragem. Não sendo considerada na contagem o estágio acadêmico ou qualquer outra atividade antes da obtenção do título de bacharel em Direito.

7   "DIREITO CONSTITUCIONAL. REGIME JURÍDICO DA MAGISTRATURA. LEI DE ORGANIZAÇÃO JUDICIÁRIA DO DISTRITO FEDERAL E DOS TERRITÓRIOS. INCONSTITUCIONALIDADES FORMAL E MATERIAL NA PREVISÃO DE REQUISITOS DE FAIXA ETÁRIA PARA O INGRESSO NA CARREIRA (ART. 52, V, DA LEI 11.697/2008). RESERVA DE LEI COMPLEMENTAR (CF, ART. 93, I). DESPROPORCIONALIDADE E QUEBRA DA ISONOMIA. [...]" (STF, ADI 5329/DF)

> A vitaliciedade é uma garantia constitucional, no caso da magistratura de carreira, outorgada automaticamente aos magistrados aprovados no estágio probatório de dois anos contados a partir da posse. Um juiz substituto pode ser vitalício e manter a condição de substituto, a qual só perderá quando for promovido para a condição de titular. (Alves, 2014, p. 121)

Portanto, não se trata do juiz responsável de determinada vara, sendo sua atuação em substituição ou para auxiliar os juízes titulares. É importante ressaltar que, em algumas situações específicas, "como na Justiça Federal e na Justiça Militar, o juiz substituto pode ter competência específica e exclusiva para determinados processos, mas de toda sorte não será o administrador da vara" (Alves, 2014, p. 120). A promoção de cargo depende de vaga disponível para tanto.

> No caso da Justiça Estadual, geralmente a promoção é para o cargo de juiz de direito lotado em comarca de 1ª entrância ou de entrância inicial, conforme a nomenclatura local. Ao longo da carreira, outras promoções serão feitas, até que ele chegue ao cargo de juiz de direito da última entrância. Na Justiça Federal, há apenas juízes federais substitutos e juízes federais, estes últimos titulares de uma vara. (Alves, 2014, p. 120)

A Lei Orgânica da Magistratura Nacional – Lei Complementar n. 35, de 14 de março de 1979 (Brasil, 1979) – garante, em seu art. 22, parágrafo 2º, a possibilidade de os juízes substitutos praticarem todos os atos reservados aos juízes vitalícios, não havendo qualquer distinção entre os titulares e os substitutos. Entretanto, devemos mencionar que há a possibilidade de legislação ordinária que venha a "estabelecer, exclusivamente no plano administrativo, que determinados atos ou funções ficarão a cargo de juízes substitutos apenas quando ausentes os titulares" (Alves, 2014, p. 122-123).

— 1.1.2 —
Garantias da magistratura

Após o ingresso na magistratura, com os objetivos de afirmar a independência do Poder Judiciário, de propiciar condições para que os magistrados sejam imparciais e de garantir "a liberdade, a autonomia e a independência indispensáveis ao pleno e irrestrito exercício de suas elevadas funções" (Marcato, 2018, p. 828), são asseguradas aos juízes as seguintes garantias: vitaliciedade, inamovibilidade e irredutibilidade de vencimentos.

A **vitaliciedade** é adquirida após dois anos de exercício, ou seja, inicialmente os juízes substitutos não a detêm, apenas depois de passarem por rigorosa vigilância, sendo verificadas as condições pessoais para o exercício da magistratura (Slaibi Filho, 2016). A vitaliciedade é a garantia que tem o magistrado, que ainda está na ativa ou aposentado, de somente perder o cargo por força de sentença transitada em julgado, na forma do que dispõe o art. 95, inciso I, da Constituição Federal.

A **inamovibilidade** "consiste na prerrogativa em não ser o seu titular removido do cargo judiciário, do local ou lotação senão mediante a existência de processo administrativo disciplinar em que possa exercer a garantia da ampla defesa" (Slaibi Filho, 2016, p. 64), prevista no art. 95, inciso II, da Constituição Federal.

A respectiva garantia é aplicável a toda a magistratura, sem exceção em razão do tempo, e não se trata apenas da possibilidade de remoção, mas também de promoção sem o consentimento do magistrado, "a não ser como penal ou por interesse público" (Alves, 2014, p. 305).

No que se refere ao ato remoção, este deve ser fundamentado em decisão, tendo a maioria absoluta dos votos do respectivo Tribunal ou do Conselho Nacional de Justiça, devendo, obrigatoriamente, ser assegurada a ampla defesa, conforme disposto no art. 95, inciso VIII, da Constituição Federal.

Por fim, tem o magistrado a garantia da **irredutibilidade de subsídios**, prevista no art. 95, inciso III, da Constituição Federal, bem como no art. 37, inciso XV, da Carta Magna, dispondo que os "o subsídio e os vencimentos dos ocupantes de cargos e empregos públicos são irredutíveis", o que também se aplica aos magistrados.

— 1.1.3 —
Jurisdição penal

A jurisdição penal, que tem como conceito o "poder-dever de dizer o direito no caso concreto" (Lopes Júnior, 2017b, p. 139), apresenta características diferentes do processo civil, haja vista que, no processo penal, adiciona-se uma função de maior importância, a do juiz como garantidor dos direitos e das garantias dispostos na Constituição Federal (Lopes Júnior, 2017b).

Quando tratamos de garantia da jurisdicionalidade, aludimos essencialmente ao direito do sujeito que responde a uma ação penal de ser julgado por um juiz imparcial (Lopes Júnior, 2017b), que foi incorporado no nosso sistema a partir do aparecimento do sistema acusatório, bem como do sistema *adversary*[8] do direito anglo-americano (Pacelli, 2018).

O juiz imparcial está intimamente ligado ao princípio do juiz natural, que é "expressão do princípio da isonomia e também um pressuposto de imparcialidade" (Coutinho, 1998, p. 174).

> Vale salientar que este princípio está vinculado ao pensamento iluminista e, consequentemente, à Revolução Francesa. Como se sabe, com ela foram suprimidas as justiças senhoriais e todos passaram a ser submetido aos mesmos tribunais. (Coutinho, 1998, p. 174)

---

8   O modelo *adversary* é o sistema de partes adotado pelos Estados Unidos, "em que o juiz se afasta completamente de quaisquer funções probatórias, limitando-se ao controle de legalidade na instrução judicial" (Pacelli, 2020, p. 11).

Dessa forma, vem à lume o princípio do juiz natural (ou *juiz legal*, como é designado pelos alemães) com o escopo de extinguir os privilégios das justiças senhoriais (foro privilegiado), assim como afastar a citação de tribunais de exceção, ditos *ad hoc* ou *post factum*.

Assim, o princípio tem por finalidade trazer a vedação do juiz ou tribunal de exceção, proibição que vem expressa na Constituição Federal em seu art. 5º, inciso XXXVII, visando à imparcialidade da atuação jurisdicional e à ausência de prejuízos para o acusado.

O art. 5º da Constituição Federal nos traz a ideia de competência do juiz quando, em seu inciso LIII, dispõe que "ninguém será processado nem sentenciado senão pela autoridade competente". Dessa forma, todos aqueles que figuram em polos passivos das ações penais "passam a ser julgados pelo 'seu' juiz, o qual encontra-se com sua competência previamente estabelecida pela lei" (Coutinho, 1998, p. 174), tendo sido a competência fixada anteriormente à prática do crime.

Além da competência do juiz, há uma preocupação sobre a qualidade da jurisdição: "em relação ao conhecimento da matéria a ser decidida, a regra da imparcialidade ocupa-se diretamente com as circunstâncias, de fato e de direito" (Pacelli, 2020, p. 339) e, até mesmo, sobre as condições pessoais do próprio julgador.

No que se refere à *jurisdição*, ao lado da legislação e da administração, aquela pode ser conceituada como a função pela qual o Estado exerce o chamado *poder soberano*, visando à concretização da lei e sendo considerado, desse modo, pela "cogência e vinculação que seus atos impõem aos cidadãos de modo a impedir qualquer desrespeito ou contestação à concretização da lei neles realizada" (Borges, 2005, p. 60).

É um equívoco pensar que a atividade jurisdicional serviria apenas para declarar uma vontade preexistente da lei, até mesmo porque não há vontade e nem mesmo a atuação do juiz seria realizada com o objetivo de concretizar os anseios do legislador.

O julgador, ao estar à frente do caso penal, "como qualquer outra pessoa decide primeiro, de acordo com os mais variados motivos conscientes ou não" (Borges, 2005, p. 61), buscando, posteriormente, no ordenamento, a fundamentação jurídica adequada. Não é possível, por esse motivo, criar objeção ao Estado ou à figura do magistrado, haja vista "que ignorar o tom criativo do ato de aplicação do direito pode implicar adesão a uma visão positivista" (Borges, 2005, p. 61). Segundo Borges (2005, p. 64):

> Note-se que uma das bandeiras levantadas pelo Movimento do Direito Alternativo é justamente contra esta crença na neutralidade do juiz, a qual só serve para mascarar a falibilidade dos aplicadores do direito e a dominação exercida por meio de suas práticas que ao aplicarem as leis fazem valer o discurso hegemônico numa dada sociedade. [...]
>
> Logo, frente a todos esses argumentos, só se pode inferir que para a construção de um novo conceito de jurisdição faz-se necessário descartar este aspecto da conceituação chiovendiana que relega o atuar jurisdicional a uma atividade mecânica que faz valer a vontade do legislador.

Há de se fazer uma distinção entre neutralidade e imparcialidade. A primeira é inexistente "porque se trata de um juiz-no-mundo" (Lopes Júnior; Rosa, 2016), uma vez que a subjetividade é inerente a qualquer ser humano, que carrega, em seu cognitivo, todas as suas convicções, posições e conotações. Já a segunda diz respeito a "uma construção técnica artificial do processo" (Lopes Júnior; Rosa, 2016) e deve solucionar o caso penal como um terceiro, evitando a tomada da decisão em favor de uma das partes.

> A condição de terceiro é a de ignorância cognitiva em relação às provas, ao conteúdo probatório, já que o acertamento das condutas deve ser novidade ao julgador. O juiz é um sujeito processual (não parte) ontologicamente concebido como um ignorante, porque ele (necessariamente) ignora o caso penal em julgamento. Ele não sabe, pois não deve ter uma cognição prévia ao processo. Deixará o juiz de ser um ignorante quando, ao longo da instrução, lhe trouxerem as partes às provas que lhe permitirão então conhecer (cognição).
>
> Logo, no regime de instrução do processo, não se pode aceitar juiz contaminado por informações decorrentes de atuações anteriores em processos findos ou paralelos. Isso porque ele já sabia de condutas e provas que deveria não saber. (Lopes Júnior; Rosa, 2016)

A participação do juiz é efetiva, não se trata de um aparelho com uma aparência humana. É entendido como sujeito e está vinculado às decisões que profere, bem como à função jurisdicional, expedindo "em nome do Estado, o provimento com força imperativa, atendido o devido processo legal substancial, levando-se em consideração os argumentos construídos no procedimento, na decisão motivada" (Rosa, 2020, p. 550).

Nos ensinamentos de Luigi Ferrajoli (1995), a imparcialidade nada mais é do que a ausência de interesses do juiz aos das partes. O juiz tem sua designação e fixação de competência anteriores à solução do caso penal que a ele é destinado o julgamento, sendo supérfluo mencionar que, muito além das garantias institucionais, a imparcialidade é "um hábito intelectual e moral" (Ferrajoli, 1995, p. 580, tradução nossa).

— 1.1.4 —
Impedimento, suspeição e incompatibilidade

Garantir a imparcialidade cognitiva do juiz no julgamento do caso penal, de modo que seja um terceiro alheio aos fatos, possibilita o acertamento do caso penal sem que haja um favorecimento, pois, de acordo com Streck (2020), "Processo é garantia. E não instrumento. Logo, o devido processo legal traz ínsito a exigência de imparcialidade, de *fairness* (equanimidade)".

Não podemos imaginar um "processo sem juiz e não há juiz se não houver imparcialidade" (Lopes Júnior, 2020, p. 254), sendo necessária a criação de condições para a existência de um juiz imparcial, o que somente é possível a partir de um sistema acusatório, não sendo pertinente tratar do mérito das dissensões anteriores, mas sim ressaltar que, atualmente, "tenhamos a estrutura dialética, com juiz completamente afastado da arena das partes e da iniciativa probatória" (Lopes Júnior, 2020, p. 254), com total observância aos direitos fundamentais do acusado e às regras processuais.

A partir da exigência de imparcialidade do juiz para o julgamento do caso penal, surge a reflexão sobre o chamado *juiz das garantias*, em que se propõe a necessidade de separação de autos de inquérito, bem como do juiz que participa da investigação e do juiz do processo, sendo o principal fundamento o art. 3-B e seguintes do Código de Processo Penal, no intuito de garantir a "originalidade do julgamento"[9] (Lopes Júnior, 2020, p. 255).

A implantação do juiz das garantias foi suspensa *sine die* (por tempo indeterminado) pelo Supremo Tribunal Federal (STF) no julgamento da ADI n. 6.298 MC/DF, na qual o Ministro Luiz Fux revogou parcialmente a decisão do Ministro Dias Toffoli que mantinha a criação do juiz das garantias, mas que prorrogava o prazo de implementação para 180 dias, sob a fundamentação de que:

> ao instituírem a função de juiz das garantias, os artigos 3°-A ao 3°-F teriam apenas acrescentado ao microssistema processual penal mera regra de impedimento do juiz criminal,

---

9 *Originalidade do julgamento* é uma "expressão italiana para externar a importância de que o juiz forme a sua convicção 'originariamente' a partir da prova produzida no contraditório processual" (Lopes Júnior, 2020, p. 255).

acrescida de repartições de competências entre magistrados paras as fases de investigação e de instrução processual penal [...]. (STF, ADI 6.298 MC/DF, p. 18-19).

Sendo necessário, para tanto, que:

> a evidência que emerge acima de qualquer dúvida razoável é a de que a implantação [...] requer, em níveis poucas vezes visto na história judiciária recente, a reestruturação de unidades judiciárias e a redistribuição de recursos materiais e humanos. (STF, ADI nº 6.298 MC/DF, p. 19).

É evidente que a implementação do juiz de garantias requer a reestruturação do Judiciário e, como consequência, novos gastos. Entretanto, é sabido que o Poder Judiciário conta com uma reserva orçamentária, e se já havia demandas anteriores, qual a dificuldade com relação ao juiz das garantias? Certo é que, "agora, este orçamento terá que também ser suficiente para arcar com os custos de implementação do juiz das garantias, ainda que se sacrifique, por exemplo, aumentos salariais" (Moreira, 2020, p. 66).

Para imediata aplicação, seria necessário proceder da seguinte forma:

> Nas comarcas em que houver apenas um Juiz (e são muitas em todo o Brasil), e enquanto não forem criados os novos cargos, caberá ao substituto legal do Juiz titular (em observância à garantia do Juiz Natural), caso haja necessidade (ou seja,

se o Juiz titular da comarca tiver oficiado na fase investigatória), atuar como Juiz da Instrução e Julgamento. (Moreira, 2020, p. 66)

Evidentemente, a implantação tem por objetivo a garantia fundamental à "necessária e indispensável imparcialidade própria do sistema acusatório" (Moreira, 2020, p. 65), sendo a representação material da concretização de um processo penal democrático (Silveira; Camargo, 2020), constituindo uma nova forma de impedimento prevista no Código de Processo Penal.

Assim, o legislador dispôs, no Código de Processo Penal, em seu Capítulo I, ao tratar da figura do juiz, causas de impedimento, quando há interesse direto do juiz com o objeto do processo, e de suspeição, em que fica caracterizado o vínculo do magistrado com as partes que compõem o processo, hipóteses as quais, nos casos em que são competentes, poderiam afetar o ânimo de julgamento e, consequentemente, a decisão proferida.

A começar pelos **impedimentos**, podemos entender que "estão relacionados com fatos e circunstâncias, objetivos e subjetivos, encontrados, em regra, dentro do processo" (Pacelli, 2018, p. 454), ensejando uma "presunção absoluta da parcialidade do juiz" (Bonfim, 2019, p. 521).

As hipóteses que impedem a atuação jurisdicional estão previstas no art. 252 do Código de Processo Penal, as quais estudaremos uma a uma, em atendimento ao fim didático a que se propõe este livro.

Nas hipóteses dos incisos I e II, são apontados os casos em que há parentes do juiz, tanto consanguíneos quanto por afinidade até o terceiro grau, que atuam no caso como defensores, em órgão do Ministério Público[110], autoridade policial, auxiliar da justiça ou perito, e quando o próprio juiz houver desempenhado qualquer uma das atividades anteriores, bem como servido de testemunha[111] no caso.

---

10 "EMENTA: 'HABEAS CORPUS' – PRISÃO CAUTELAR RESTABELECIDA NO JULGAMENTO DE RECURSO EM SENTIDO ESTRITO – ALEGADA NULIDADE – ATUAÇÃO DE DESEMBARGADOR, COMO PRESIDENTE DA SESSÃO DE JULGAMENTO, EM PROCESSO PENAL REFERENTE A CRIME DENUNCIADO POR SUA PRÓPRIA FILHA, NA QUALIDADE DE PROMOTORA DE JUSTIÇA – INADMISSIBILIDADE – HIPÓTESE DE IMPEDIMENTO (CPP, ART. 252, I) – CAUSA DE NULIDADE ABSOLUTA DO JULGAMENTO – OCORRÊNCIA – NECESSIDADE DE RENOVAÇÃO DESSE MESMO JULGAMENTO, SEM A PARTICIPAÇÃO DO DESEMBARGADOR IMPEDIDO – CONSTRANGIMENTO ILEGAL CARACTERIZADO – PEDIDO DEFERIDO." (STF, HC 102965/RJ)

11 "PROCESSO PENAL. RECURSO ESPECIAL. CONHECIMENTO PARCIAL. INTELIGÊNCIA DO ART. 252, II, DO CPP. TESTEMUNHO DE JUIZ. POSSIBILIDADE. TRIBUNAL DO JÚRI. SUPOSTA NULIDADE. ARGUIÇÃO. PERDA DO MOMENTO OPORTUNO. AUSÊNCIA DE PREQUESTIONAMENTO. 1. Não conhecimento do Recurso com base na alegada divergência, por completa falta de indicação das circunstâncias semelhantes ou comuns aos casos, como também por ausência de análise comparativa ou confronto entre as soluções supostamente dissidentes. 2. Não conhecimento do Recurso com base na matéria da oportunidade para arguição da suposta nulidade, por ausência de prequestionamento. 3. Conhecimento do Recurso com base no permissivo constitucional da alínea "a", inciso III, do artigo 105, e, assim mesmo, somente quanto à inteligência do artigo 252, inciso II, do Código de Processo Penal. 4. O art. 252, II, do CPP, não veda o testemunho do juiz, mas apenas que este exerça jurisdição no processo em que ele tenha servido como testemunha, de modo a preservar uma apreciação desvinculada e imparcial das provas e dos fatos probandos. 5. Recurso conhecido em parte, a que se dá provimento para anular a decisão do Tribunal a quo, que acolheu a preliminar aventada pela acusação, devendo o Tribunal prosseguir no julgamento do recurso, como de direito." (STJ, REsp 329.683/RO)

Ao tratarmos das hipóteses decorrentes de parentesco por afinidade, esse impedimento cessará pela dissolução do casamento, salvo se sobrevierem descendentes. Contudo, mesmo que dissolvido o casamento sem que haja descendentes, "não funcionará como juiz o sogro, o padrasto, o cunhado, o genro ou enteado de quem for parte no processo", conforme previsto no art. 255 do Código de Processo Penal. É importante ressaltar que, para os casos de auxiliar da Justiça, somente haverá o impedimento se houver a comprovação de eventuais prejuízos e da demonstração de influência (Pacelli, 2020) que o auxiliar possa vir a ter a ponto de gerar obstáculo ao livre convencimento motivado de forma imparcial.

No caso do inciso III do art. 252 do Código de Processo Penal, haverá o impedimento para os casos em que o juiz tiver atuado como juiz de outra instância, tendo se pronunciado de fato ou de direito sobre a questão envolvendo o caso penal. A hipótese em comento diz respeito à "necessidade de se realizar efetivamente o **duplo grau de jurisdição** que propriamente com a eventual parcialidade do juiz" (Pacelli, 2020, p. 340, grifo do original).

É muito comum que o mesmo fato possa gerar demandas em esferas diferentes, como é o caso das áreas cível e penal, existindo o entendimento de que há a necessidade de uma interpretação restritiva do dispositivo e que, nesses casos, não há motivos para impedir a atuação do juiz (Dezem, 2017). A jurisprudência vem no mesmo sentido, de que a impossibilidade é de julgar os mesmos fatos na primeira instância e na segunda, sendo possível ao juiz, entretanto, atuar na mesma instância em outra jurisdição[12].

Em respeito ao posicionamento doutrinário e jurisprudencial firmado, entendemos que o objetivo do legislador não era de que apenas o magistrado que tivesse atuado na primeira instância não pudesse atuar na segunda, como forma de garantir o exercício do duplo grau de jurisdição, sendo, efetivamente, um exame crítico da decisão, mas também aquele que tivesse resolvido a questão de fato e de direito sobre a mesma questão em outra esfera:

---

12 "HABEAS CORPUS. EXCEÇÃO DE SUSPEIÇÃO REJEITADA. IMPEDIMENTO OU SUSPEIÇÃO. NÃO OCORRÊNCIA. ATUAÇÃO DE MAGISTRADO EM PROCESSO JUDICIAL E PROCESSO ADMINISTRATIVO. POSSIBILIDADE. AUSÊNCIA DE ATOS QUE DEMONSTREM O COMPROMETIMENTO DA IMPARCIALIDADE DO MAGISTRADO. CONSTRANGIMENTO ILEGAL. NÃO OCORRÊNCIA. ORDEM DENEGADA. 1. A jurisprudência desta Corte consolidou-se no sentido de que 'as causas de impedimento [...] de magistrado estão dispostas taxativamente no Código de Processo Penal, não comportando interpretação ampliativa. O disposto no art. 252, III, do CPP aplica-se somente aos casos em que o juiz atuou no feito em outro grau de jurisdição como forma de evitar ofensa ao princípio do duplo grau. Não há impedimento quando o magistrado exerce, na mesma instância, jurisdição criminal após ter atuado em processo administrativo disciplinar'. (REsp 1177612/SP, Rel. Min. OG FERNANDES, SEXTA TURMA, DJe 17/10/2011). 2. Na espécie, verifica-se que a manifestação do referido Desembargador nos autos dos procedimentos administrativos instaurados perante o Conselho Nacional de Justiça limitaram-se [sic] à atuação de natureza administrativa relativa ao cargo então ocupado de Corregedor Regional da Justiça Federal da 2a Região, não representando prejulgamento da causa, não havendo falar, pois, em impedimento para apreciar os processos judiciais em que figura como réu o ora paciente. Não há que se cogitar, ainda, de suspeição, haja vista que não foi demonstrada, consoante destacou o Tribunal de origem, a existência de nenhum ato do Magistrado em questão que indique o comprometimento de sua imparcialidade, nos termos do rol exemplificativo descrito no art. 254 do Código de Processo Penal. Para chegar-se à conclusão diversa, é necessário o revolvimento do acervo fático probatório amealhado ao feito, o que é inviável na via angusta do writ. 3. Habeas corpus denegado." (STJ, HC 324.206/RJ)

> Ocorre que, especialmente a partir da Constituição Federal de 1988 com a expressa consagração de diversos direitos e garantias fundamentais; da prevalência do sistema acusatório; bem como da essencialidade da imparcialidade (objetiva e subjetiva) para o exercício da jurisdição; o sentido adotado deve ser esse, mais abrangente (incluindo também o mencionado critério de horizontalidade), tanto de "instância administrativa, cível e penal", como de instâncias "pré-processual (administrativa) e judicializada", conforme conferido em diversos julgados do Supremo Tribunal Federal e do Superior Tribunal de Justiça. (Pozzebon, 2013, p. 117)

A última hipótese de impedimento está disposta no inciso IV do art. 252 do Código de Processo Penal, que indica que o juiz não pode exercer jurisdição nos casos em que "ele próprio ou seu cônjuge ou parente, consanguíneo ou afim em linha reta ou colateral até o terceiro grau, inclusive, for parte ou diretamente interessado no feito".

É imperioso destacar que a disposição que já mencionamos anteriormente sobre o juiz das garantias, com seu impedimento de atuação na fase processual caso ele tenha atuado diretamente na fase investigatória, constitui uma forma de impedimento para além das já elencadas anteriormente.

No que se refere à **suspeição**, "os fatos e/ou circunstâncias objetivas que poderão influenciar o ânimo do julgador são encontrados **externamente** ao processo" (Pacelli, 2018, p. 455, grifo do original), estando ligados ao objeto ou ao sujeito envolvido no processo, vindo a atingir de forma absoluta a imparcialidade do juiz. As hipóteses estão disciplinadas no art. 254 do Código de Processo Penal.

A primeira causa de suspeição, prevista no inciso I do art. 254 do Código de Processo Penal, ocorre nas situações em que o juiz é amigo íntimo ou inimigo capital de qualquer uma das partes envolvidas no processo, algo que deve ser analisado de acordo com o caso concreto.

A questão deve ser analisada verificando até que ponto a relação de amizade ou de inimizade poderia interferir no ânimo de julgamento. Há certa dificuldade em se fazer a distinção nas comarcas menores, na medida em que ocorre facilmente um relacionamento entre os indivíduos de determinada comunidade, sendo, porém, apenas mera cordialidade, entretanto, esse relacionamento não pode ser confundido com intimidade (Pacelli, 2020).

Devemos destacar que nem toda relação, ainda que haja certa proximidade, enseja a suspeição do magistrado para realizar o julgamento, como no caso em que há de uma relação de trabalho:

> daqueles com quem se conversa e beberica de forma descontraída, aquele a quem se pede ajuda simples e a quem se presta favores de igual monta. Não se trata de amigo íntimo. Não se trata daquele amigo com quem se troca confidências. Não se trata daquele amigo que frequenta a casa, que conhece sua família no ambiente do lar e que frequenta as festas de aniversário de seus filhos [...]. (STJ, REsp 1418070/RJ)

Já no que se refere à inimizade capital, não basta a mera alegação, é necessário que haja plena comprovação "de um grave, profundo e recíproco sentimento de hostilidade [...] de uma agressão séria feita de uma parte a outra que justifique o cultivo de um sentimento de vingança e de séria animosidade" (STJ, AgRr HC 544488/PR), demonstrando a necessidade de afastamento do juiz do julgamento do caso concreto.

Quanto aos incisos II e III do art. 254, o caso de suspeição incide quando o juiz, "seu cônjuge, ascendente ou descendente, estiver respondendo a processo por fato análogo, sobre cujo caráter criminoso haja controvérsia" (inciso II). Ou, "se ele, seu cônjuge, ou parente, consanguíneo, ou afim, até o terceiro grau, inclusive, sustentar demanda ou responder a processo que tenha de ser julgado por qualquer das partes" (inciso III). Tais hipóteses não necessitam de maiores considerações, haja vista ser facilmente visível a possibilidade de alteração do ânimo de julgamento por critérios de parentesco consanguíneo ou afinidade. Essa hipótese de suspeição decorrente de parentesco por afinidade cessará: "pela dissolução do casamento que lhe tiver dado causa, salvo sobrevindo descendentes; mas, ainda que dissolvido o casamento sem descendentes, não funcionará como juiz o sogro, o padrasto, o cunhado, o genro ou enteado de quem for parte no processo" (art. 255 do Código de Processo Penal).

Há a possibilidade de suspeição quando o juiz tiver aconselhado qualquer uma das partes, conforme prevê o inciso IV do art. 254. Nesse caso, ressaltamos que não se trata de um aconselhamento profissional[13], "que tenha possibilitado ao juiz um conhecimento mais amplo dos fatos que **aquele constante do processo**, porque veiculado no curso de uma relação cliente-profissional anterior" (Pacelli, 2020, p. 341, grifo do original).

A quinta causa de suspeição ocorre no caso de o juiz ser credor ou devedor, tutor ou curador, de qualquer uma das partes. Nesse sentido, citamos os ensinamentos de Eugênio Pacelli (2020, p. 341):

> Segundo nossa legislação, o fato de ser credor ou devedor, tutor ou curador, de qualquer das partes, impede o exercício livre da jurisdição, no ponto em que toca à liberdade da formação do convencimento judicial. Essa liberdade poderá ou não ser atingida no caso concreto, mas, independentemente de qualquer consideração, uma vez presente o fato objetivo da tutela ou curatela, do débito ou do crédito, será suspeito o juiz, devendo tal suspeição ser declarada de ofício ou por provocação das partes.

Como última hipótese de suspeição, a previsão no inciso VI do art. 254 do Código de Processo Penal indica o caso de quando o juiz for sócio, acionista ou administrador de sociedade interessada no processo. Entretanto, em que pese a menção do juiz

---

13 Em julgamento do HC 198058/SP, a Ministra Maria Thereza de Assis Moura entendeu que "a menção ao aconselhamento do magistrado a uma das partes representa motivo suficiente para o reconhecimento de sua suspeição, conforme o inciso IV do artigo 254 do Código de Processo Penal". Tendo a palavra *aconselhamento* a abrangência da externalização de posição referente ao caso concreto, como no presente caso, em que o juiz havia antecipado o mérito ao membro do Ministério Público, informando a intenção de rejeitar a denúncia. (STJ, HC 198058/SP)

como administrador de sociedade interessada, deve ser realizada uma pequena correção no referido inciso, já que "o juiz não poderá ser administrador de sociedade (a não ser de classe), em face de vedação expressa da Lei Orgânica da Magistratura (art. 36, II, Lei Complementar n. 35/79)" (Pacelli, 2020, p. 341).

Embora o art. 254 do Código de Processo Penal apresente um rol taxativo, em decisão, o STF informou sobre a possibilidade de ir além desse rol:

> Hermeneuticamente registro que essa tese da taxatividade é, claramente, o resquício da corrente textualista na interpretação brasileira. Por ela, por exemplo, o caso *Brown v. Board of Education of Topeka* (de 1954) teria sido julgado no sentido da continuidade da separação racial entre crianças (aliás, o ex-textualista Adrian Vermeule, professor de Harvard, diz que, pelo textualismo, a discriminação deveria continuar). (Streck, 2020)

Quando se admite a taxatividade do referido artigo, não se pode "cumprir os ditames do Tribunal Interamericano, que diz que é garantia do acusado ser julgado por um tribunal imparcial" (Streck, 2020), sendo necessário que o art. 254 do Código de Processo Penal seja "lido a partir da iluminação deontológica do princípio da imparcialidade, previsto, aliás, nas convenções e tratados assinados pelo Brasil" (por exemplo, Pacto de San José da Costa Rica – 1969, artigo 8°)" (Streck, 2020).

O entendimento de que o rol é aberto tem por finalidade autorizar e enquadrar outras possíveis "hipóteses em que o julgador pode não se mostrar imparcial, já que a casuística prevista nos artigos aqui examinados não comporta as diversas intercorrências fática de ocorrência possível" (Pozzebon, 2013, p. 118). Um exemplo é o caso em que o juiz se declarou suspeito para atuar no feito porque era amigo íntimo de uma das testemunhas que foi arrolada pelo Ministério Público. Em decisão, a juíza substituta entendeu que a condição de amigo íntimo não configuraria motivo de suspeição, ante a não incidência no rol dos arts. 252 e 254 do Código de Processo Penal.

Suscitado o conflito de competência, houve a improcedência do pedido com a fundamentação de que o juiz não teria isenção subjetiva para o julgamento do feito, não sendo possível obrigá-lo a instruir um processo sobre o qual ele não se julga imparcial[14]. Esse exemplo demonstra o que deve ocorrer, tal como no Tribunal Europeu de Direitos Humanos, o qual exige: "não só a imparcialidade; ele exige a aparência de justiça" (Streck, 2020).

As hipóteses de suspeição podem ser reconhecidas pelo juiz de forma espontânea, devendo ser obedecida a previsão

---

14 "CONFLITO DE COMPETÊNCIA. SUSPEIÇÃO DE MAGISTRADO. VÍNCULO DE AMIZADE COM UMA DAS TESTEMUNHAS. AMPLICAÇÃO DO ROL DO ART. 254 DO CPP. O rol do art. 254 do Código de Processo Penal não pode ser considerado taxativo, pois não seria possível que o legislador elencasse todas as possibilidades que retiram a isenção do julgador. Magistrado que, ao ratificar sua suspeição, especificou motivo pelo qual não possui isenção subjetiva para julgar o feito, motivo pelo qual não pode ser obrigado a instruir um procedimento em que não se julga imparcial. Conflito julgado improcedente" (TJRS, CJ 70059801332).

do art. 93, inciso IX, da Constituição Federal, ou seja, com base em decisão devidamente fundamentada, sendo remetidos os autos para o substituto e realizada a intimação das partes (Lopes Júnior, 2020).

Pode ser o caso de ocorrer o não reconhecimento de ofício e, assim, qualquer uma das partes estará apta a realizar a arguição de exceção de suspeição, "por escrito, em petição assinada por ela ou por procurador com poderes especiais (não bastando, portanto, a mera outorga de poderes feita quando do interrogatório)" (Lopes Júnior, 2020, p. 365), devendo, para tanto, aduzir suas razões acompanhadas de prova documental ou do rol de testemunhas.

Há possibilidade de tomada de dois caminhos pelo magistrado, de acordo com o procedimento disposto no Capítulo II do Código de Processo Penal. O primeiro é o reconhecimento da suspeição, em que o juiz susta a marcha processual e determina a juntada aos autos da petição do recusante com os documentos que a instruam, e por despacho se declarará suspeito, fazendo remessa ao seu substituto (art. 99 do Código de Processo Penal).

O segundo caminho é a possibilidade de o juiz não aceitar a suspeição, pelo que determina a autuação em apartado da petição, ou seja, a formação de um novo processo, em que terá o prazo de 3 dias para apresentar resposta, podendo arrolar testemunhas e, na sequência, encaminhar os autos no prazo de 24 horas ao juiz ou ao Tribunal competente para julgamento (art. 100 do Código de Processo Penal).

No caso de julgamento da exceção[115], após a citação das partes, serão designados o dia e a hora para a realização de inquirição de testemunhas, devendo seguir o julgamento, independentemente de apresentação de mais alegações (art. 100, parágrafo 1º, do Código de Processo Penal).

Sendo de manifesta improcedência, ocorrerá a rejeição liminar da exceção (art. 100, § 2º, do Código de Processo Penal). No entanto, se for julgada procedente, os autos do processo principal terão declarada a nulidade de seus atos, devendo o juiz pagar as custas no caso de erro inescusável. Tendo sido rejeitada e se evidenciada a malícia do excipiente, ser-lhe-á imposta multa (art. 101 do Código de Processo Penal).

Ressaltamos que, no STF e nos tribunais de apelação, ao se julgar suspeito, o juiz deve realizar declaração nos autos e, se for revisor, encaminhá-los ao seu substituto na ordem de preferência, ou, se for o relator, deve ocorrer a redistribuição dos autos.

Caso o juiz não seja nem o revisor nem o relator, a suspeição deve ser realizada verbalmente durante a sessão de julgamento, e a declaração deve ser registrada na ata. Se o suspeito for o presidente do tribunal suspeito, e assim tendo ele se declarado, competirá ao seu substituto presidir o julgamento, designando o dia em que será realizado (art. 103, §§ 1º e 2º, do Código de Processo Penal).

---

15 Pode ocorrer o não reconhecimento de ofício e, assim, qualquer uma das partes estará apta a realizar a arguição de exceção de suspeição.

Ao não ser conhecida a suspeição, deve ocorrer o julgamento pelo tribunal pleno. Nesse caso, o relator deve ser o presidente desse tribunal e, caso não haja recusa, fica determinado como relator o vice-presidente do tribunal (art. 103, §§ 4º e 5º, do Código de Processo Penal).

Há no Código de Processo Penal a chamada *suspeição provocada*, disciplinada no art. 256, ocorrendo quando a parte injuriar o juiz ou de propósito der motivo para criá-la.

Certa é a possibilidade de eventuais animosidades, seja no comportamento, seja na forma rude de tratamento durante a realização de audiências ou, até mesmo, em uma intervenção por petição, que possam gerar certo desconforto entre o juiz e as partes. Entretanto, a previsão vem no sentido de que o Código de Processo Penal "veda a má-fé; o ardil; não se rende à criação artificiosa ou dissimulada de determinada situação propositalmente voltada ao afastamento do juiz competente" (Marcão, 2016, p. 656), o que se pretende "evitar é a premeditação no afastamento do magistrado, por razões de interesse exclusivo da parte" (Pacelli, 2019, p. 649), destinada, única e exclusivamente, à alteração de ânimo do julgador, visando à imparcialidade, motivo pelo que, quando praticada nessa hipótese, não será declarada nem reconhecida.

Conforme destacamos anteriormente, o Código de Processo Penal prevê, em seus art. 252 a 256, os casos de suspeição e impedimentos, porém, existe a possibilidade da chamada *incompatibilidade*, em que "não há previsão expressa de nenhum fato, circunstância ou condição especial do agente ou de quaisquer dos sujeitos do processo para o fim de identificação de incompatibilidade do juiz com o julgamento da causa" (Pacelli, 2018, p. 457).

A possibilidade da declaração de incompatibilidade está descrita no art. 112 do Código de Processo Penal, sendo aplicável não só aos juízes, mas também ao órgão do Ministério Público, aos serventuários ou funcionários de Justiça, peritos e intérpretes.

Há dois exemplos que podemos citar para demonstrar a ocorrência de incompatibilidade: o primeiro é a necessidade de recusa de atuação, por parte do juiz, por motivos de foro íntimo; o segundo ocorre quando o(a) cônjuge do(a) juiz(a) for testemunha nos autos. Note que, em ambos os exemplos, não há previsão nos dispositivos destinados à apresentação do rol de hipóteses para suspeição ou impedimento, devendo assim ser arguida a incompatibilidade.

— 1.2 —
Ministério Público

O Ministério Público é uma "instituição permanente, essencial à função jurisdicional do Estado, incumbindo-lhe a defesa da ordem jurídica, do regime democrático e dos interesses sociais e individuais indisponíveis", consoante o art. 127 da Constituição Federal.

Inicialmente, esse órgão havia sido criado para exercer a função de "defensor dos interesses do Poder Público" (Bonfim, 2019, p. 523). Somente após o advento da Constituição Federal de 1988, houve a retirada da referida atribuição, ocorrendo "vedação expressa a que esses órgãos atuem na representação judicial de entidades públicas ou a ela prestem consultoria jurídica" (Bonfim, 2019, p. 523).

O órgão é instituído sob princípios da "independência funcional, da unidade e da indivisibilidade, reservando aos seus membros, para o adequado desenvolvimento de suas tarefas, importantes prerrogativas junto aos Poderes Públicos e mesmo aos particulares" (Pacelli, 2018. p. 463).

Atualmente, o Ministério Público tem por finalidade atuar buscando e verificando a correta aplicação das leis, nos casos em que figure como fiscal da lei (Bonfim, 2019). Como resultado da ampliação dos poderes de intervenção estatal, esse órgão tem justificada sua criação no campo penal, tendo em vista a necessidade de se impedir a vingança privada, "com a jurisdicionalização da solução dos conflitos sociais, em critérios pautados pela e na racionalização do poder" (Pacelli, 2018, p. 462), atuando como legitimado para a persecução penal de iniciativa pública.

Dessa forma, o Ministério Público vem assegurando "a imparcialidade e a tranquilidade psicológica do juiz que sentenciará" (Lopes Júnior, 2017a, p. 146), afastando do magistrado qualquer função investigatória ou acusatória, "como a depurar e preservar o quanto possível a sua imparcialidade" (Pacelli, 2018, p. 462).

— 1.2.1 —
Atuação no processo penal

Conforme demonstramos na seção anterior, o Ministério Público, contrariando o que comumente se pensa, não é órgão de acusação, mas, conforme dispõe o art. 129 da Constituição Federal e o art. 257 do Código de Processo Penal, é legitimado para a persecução penal na ação penal pública, condicionada ou incondicionada à representação, e, assim, "atua como parte, porquanto sujeito da relação processual" (Marcão, 2018, p. 623).

A função constitucional do Ministério Público não é a defesa dos interesses acusatórios, mas sim da ordem jurídica, do regime democrático, dos interesses individuais e coletivos, o que o coloca na posição de imparcialidade que deve "permear toda a atividade do Ministério Público" (Pacelli, 2018, p. 464), tanto na fase investigatória quanto na ação penal. Necessita atuar com liberdade para análise dos fatos a fim de formular seu convencimento, "sem que esteja vinculado a qualquer valoração ou consideração prévia sobre as consequências que juridicamente possam ser atribuídas aos fatos tidos por delituosos" (Pacelli, 2018, p. 465).

Cumpre mencionar que o fato de o Ministério Público ser o legitimado para a persecução de iniciativa pública não cede a ele o direito de punir (*ius puniendi*), exercido de forma exclusiva pelo Estado, o qual transfere ao órgão apenas "a titularidade do *jus actionis*[16], conferindo-lhe legitimidade para promover a *persecutio criminis in judicio*[17]" (Bonfim, 2019, p. 524). Já nas ações de iniciativa privada, há a "substituição processual, em que o ofendido, ou quem o represente, passa a deduzir em nome próprio pretensão de titularidade do Estado" (Bonfim, 2019, p. 524).

Outra atividade desenvolvida pelo Ministério Público é de *custus legis*, ou seja, atua na fiscalização da execução da lei, conforme disposto no art. 257, inciso II, do Código de Processo Penal, podendo a atividade ser exercida de forma cumulada:

> Nesse contexto, não é impróprio concluir que, não apenas nos crimes em que seja do ofendido a legitimidade para promover a ação penal, mas também nos crimes de ação pública, o Ministério Público sempre exercerá, cumulativamente ou não com a posição de autor, o papel de *custos legis*. Tal raciocínio é permitido pela redação do art. 257, I e II, do CPP, determinando que, além da promoção da ação penal pública, incumbe ao *parquet*[18], ainda, fiscalizar a execução da lei. (Avena, 2020, p. 109)

No que se refere às atribuições conferidas ao Ministério Público, é importante mencionar que o art. 129 da Constituição Federal ainda prevê outras atividades, tais como: o exercício de um controle externo da atividade policial (inciso VII); a requisição

---

16 *Jus actionis* trata-se do direito de ação.
17 *Persecutio criminis in judicio* trata-se de persecução criminal.
18 Promotor do Ministério Público.

de diligências investigatórias e a instauração de inquérito policial, devendo indicar os fundamentos jurídicos de suas manifestações processuais (inciso VIII).

Em decorrência da atuação do Ministério Público, surgem algumas complexidades doutrinárias acerca do entendimento de *parte* no processo penal. Isso porque ele figura como parte na ação penal de iniciativa pública, agindo como tal desde o oferecimento da denúncia, e tomando mais uma vez o posto de parte a partir de então, quando praticará todos os atos processuais a ele pertinentes, como manifestações, produção probatória, interposição de recursos etc.

Assim, há a distinção entre parte formal e material. Parte formal é a "posição processual de parte, independentemente do conteúdo de direito material a ser objeto dos requerimentos e alegações do Ministério Público" (Pacelli, 2018, p. 452), ou seja, aqui há total abstração do conteúdo, sendo dada atenção somente para a posição ocupada no âmbito processual.

Já a parte material se verifica "quando há coincidência entre a sua manifestação (de direito material) na causa e sua posição no processo (requerimento de condenação por quem é autor)" (Pacelli, 2018, p. 452). Para exemplificar a definição, podemos pensar na hipótese de o Ministério Público, figurando no processo no polo ativo, ou seja, aquele de deu início ao processo, em sede de alegações finais por memoriais, requerer a condenação do réu, havendo, portanto, uma coincidência entre a posição processual que ocupa e o pedido realizado, sendo, verdadeiramente, "sujeitos do contraditório, ou seja, daquela disputa que se desenrola entre [...] o Ministério Público e o defensor nos processos penais" (Carnelutti, 2009, p. 42).

Independentemente da posição ocupada e de ser legitimado para a persecução de iniciativa pública, ressaltamos que "ao Estado (e, aqui, ao Ministério Público) deve interessar, na mesma medida, tanto a condenação do culpado quanto a absolvição do inocente" (Pacelli, 2018, p. 465), uma vez que sua atuação reflete em seu "compromisso com a justiça, acima dos interesses parciais" (Bonfim, 2019, p. 524), justamente por não se restringir ao pedido de condenação formulado na denúncia.

Quando da atuação do Ministério Público, é possível, portanto, que esse órgão, mesmo tendo oferecido a denúncia, realize um reexame de fatos a partir das provas constantes nos autos e entenda que o pleito condenatório formulado na denúncia não deve prosperar. Nesses casos, podemos entender, imediatamente, que, ao opinar pela absolvição, o juiz teria o dever de assim decidir, absolvendo o acusado.

Entretanto, o art. 385[19] do Código de Processo Penal dispõe que "o juiz poderá proferir sentença condenatória, ainda que o Ministério Público tenha opinado pela absolvição, bem como reconhecer agravantes, embora nenhuma tenha sido alegada". Assim, a questão que costuma a ser levantada sobre a disposição é se, de fato, poderia o juiz condenar e se não estaria violando a correlação, uma vez que o próprio titular da persecução penal estaria "abrindo mão de proceder contra alguém" (Lopes Júnior, 2020a, p. 990) a pretensão acusatória.

A base fundamental do art. 385 seria justificada a partir do "princípio da indisponibilidade da ação penal, prevista no artigo 42 do CPP" (Angelo, 2020), que prevê a impossibilidade de o Ministério Público, após a formulação da pretensão acusatória, desistir da ação penal, motivo pelo qual autorizaria o decreto condenatório, mesmo após sua manifestação contrária, requerendo a absolvição.

A questão que costuma ser delineada é que a condenação do réu, mesmo sem a invocação daquele que tem legitimidade para fazê-lo, retrocederia ao modelo inquisitivo, no qual o acusado era

---

19 O entendimento jurisprudencial é no sentido de que não há vinculação do juiz ao pedido de absolvição formulado pelo Ministério Público e que o dispositivo foi recepcionado pela Constituição Federal: "AGRAVO REGIMENTAL NO RECURSO ESPECIAL. JÚRI. TENTATIVA DE HOMICÍDIO DUPLAMENTE QUALIFICADO. MANIFESTAÇÃO DO MINISTÉRIO PÚBLICO PELA ABSOLVIÇÃO. ARTIGO 385 DO CÓDIGO DE PROCESSO PENAL, RECEPCIONADO PELA CONSTITUIÇÃO FEDERAL. AUSÊNCIA DE VINCULAÇÃO DO JUIZ. PRECEDENTES. RECURSO DESPROVIDO. 1. Nos termos do art. 385 do Código de Processo Penal, nos crimes de ação pública, o juiz poderá proferir sentença condenatória, ainda que o Ministério Público tenha opinado pela absolvição. 2. O artigo 385 do Código de Processo Penal foi recepcionado pela Constituição Federal. Precedentes desta Corte. 3. Agravo regimental não provido" (STJ, AgRg no Recurso Especial 1.612.551-RJ).

visto como mero objeto dentro do processo, não sendo detentor de direitos, o que configura uma confusão entre o poder de acusar e de julgar. No mais, a conduta representa "clara violação do Princípio da Necessidade do Processo Penal, fazendo com que a punição não esteja legitimada pela prévia e integral acusação" (Lopes Júnior, 2020a, p. 991).

Quanto à última previsão do artigo no sentido de que há possibilidade de reconhecimento de agravantes que sequer foram suscitadas na exordial acusatória, é "igualmente grave – e nula a sentença", uma vez que "sequer invocação existe. Menos ainda exercício integral da pretensão acusatória para legitimar a punição" (Lopes Júnior, 2020a, p. 991), atuando o juiz de ofício na contramão do sistema acusatório, bem como impedindo que o acusado concretize o direito fundamental ao contraditório.

Portanto, a formulação de pleito absolutório pelo Ministério Público, ao final do procedimento, em sede de alegações finais, representa "o atuar imparcial" (Pacelli, 2020, p. 347), bem como que o órgão "é livre e **deve** ser livre na formulação do seu convencimento, sem que esteja vinculado a qualquer valoração ou consideração prévia sobre as consequências que juridicamente possam ser atribuídas aos fatos" (Pacelli, 2020, p. 347, grifo nosso). Assim, tal pleito deve ser reconhecido pelo juiz com a consequente prolação de sentença absolutória, uma vez que "o acusador está deixando de exercer a sua pretensão acusatória, impossibilitando assim a efetivação do poder (condicionado) de penar" (Lopes Júnior, 2020, p. 991).

— 1.2.2 —
Princípio do promotor natural

O órgão do Ministério Público deve observar os princípios institucionais da unidade, da indivisibilidade e da independência funcional, conforme disposto no art. 127, parágrafo 1º, da Constituição Federal. Ao tratar dos princípios institucionais, Pacelli (2020, p. 350) explica:

> Por unidade há de se entender a integralidade do órgão ministerial, a impedir o seu fracionamento enquanto instituição pública, sem prejuízo, por óbvio, da distribuição operacional de suas atribuições.
>
> Já a indivisibilidade tem reflexos diretamente no interior da relação processual penal, no sentido de permitir que qualquer integrante do respectivo *parquet* (do Ministério Público Federal, nas causas processadas perante a Justiça Federal; do Ministério Público Estadual, naquelas processadas perante a Justiça Estadual) possa validamente participar do processo em curso, sem necessidade de novas e específicas designações.
>
> [...] tal princípio (o da independência) é eminentemente – como o próprio nome indica – funcional, particularizado na tutela da liberdade de convencimento e de atuação dos membros do *parquet*.

Assim como os magistrados, os membros do Ministério Público devem ter as atribuições previamente estabelecidas em lei ou ato normativo, sendo o promotor natural "aquele com atribuições legais para atuar em determinada causa, que tenha ingressado na carreira por meio de concurso público" (Stasiak, 2000), sendo "vedada, portanto, a nomeação de 'Promotor ad hoc' (para o caso)" (Marcão, 2020, p. 688).

E pelo princípio do promotor natural "torna-se possível conhecer, de antemão, qual é o órgão Ministerial (Promotor de Justiça, Procurador de Justiça ou Procurador da República) que dispõe de atribuições para atuar no caso concreto" (Marcão, 2018, p. 626), sendo vedada a existência de um órgão de exceção, cuja criação não tenha partido de critérios impessoais. Por fim, o princípio da independência funcional "forneceu a matéria-prima para a elaboração teórica do princípio do promotor natural" (Pacelli, 2020, p. 350), logo, do mesmo modo como os juízes, os promotores devem ser designados para atuação no caso penal de acordo com regras anteriormente existentes.

— 1.1.3 —
Impedimento, suspeição e incompatibilidade

Assim como aos juízes foram elencadas situações que podem interferir no ânimo de julgamento, também se preocupou o legislador ao estabelecer, no art. 258 do Código de Processo Penal, as hipóteses em que os membros do Ministério Público devem afastar-se do processo, "situação que vem ao encontro do entendimento de que a instituição ministerial sustenta-se sobre a premissa da imparcialidade, ainda quando atua como parte na ação penal" (Avena, 2020, p. 113).

O art. 258 do Código de Processo Penal estabelece:

> Art. 258. Os órgãos do Ministério Público não funcionarão nos processos em que o juiz ou qualquer das partes for seu cônjuge, ou parente, consanguíneo ou afim, em linha reta ou colateral, até o terceiro grau, inclusive, e a eles se estendem, no que lhes for aplicável, as prescrições relativas à suspeição e aos impedimentos dos juízes.[20]

Além disso, estaria impedido de atuar "no processo o órgão do Ministério Público que houver pedido o arquivamento do inquérito policial ou das peças de informação, em relação à ação

---

[20] "HABEAS CORPUS. CRIME DE USURA. NULIDADE. SUSPEIÇÃO DE MEMBRO DO MINISTÉRIO PÚBLICO LOCAL. NÃO OCORRÊNCIA. REVISÃO PROBATÓRIA. IMPOSSIBILIDADE. INEXISTÊNCIA DE CERCEAMENTO DE DEFESA. HABEAS CORPUS DENEGADO. 1. O art. 258 do CPP obsta ao membro do Ministério Público oficiar em processo em que o juiz ou qualquer das partes for seu cônjuge ou parente, consanguíneo ou afim, em linha reta ou colateral, até o terceiro grau, estendendo-lhe, no que for aplicável, as prescrições relativas à suspeição e aos impedimentos dos juízes dos arts. 252 e 254 da mesma lei processual. 2. O fato de constar a promotora de Justiça como vítima em investigação já arquivada não representa sequer causa pendente entre as partes, além de não ser possível a pretendida eternização da hipótese e não estar incluída no rol dos casos taxativos do CPP. 3. O paciente, então acusado, não demonstrou de que modo deu-se respectiva suspeição, de foro íntimo e subjetivo, extraindo-se da decisão de 1º grau que a defesa não juntou qualquer prova dando conta da existência de ação em curso, em que a representante do Ministério Público seja vítima de atos supostamente praticados pelo réu, acrescentado que não se desincumbiu a defesa de demonstrar requisitos suficientes para que haja o acolhimento do pedido de suspeição/impedimento da representante do Ministério Público. 4. Destacou o Tribunal estadual, ainda, que não houve prejuízo à defesa, uma vez que inexistiu decisão negando o acesso aos autos ou qualquer empecilho relativo à produção probatória. 5. Como bem observado pelo Parquet, nesta sede, para infirmar o que restou decidido pelo Tribunal de origem, seria necessária ampla dilação probatória, providência que não encontra campo nos estreitos limites do writ, por demandar cotejo minucioso de matéria fático probatória. 6. Habeas corpus denegado." (STJ, HC 607.356/PR)

penal proposta em virtude da rejeição de seu pedido de arquivamento" (Bonfim, 2019, p. 528).

Podemos verificar que o legislador não deu a mesma atenção às hipóteses de suspeição e de impedimento do membro do Ministério Público como fez em relação ao juiz, haja vista que, ao fim do processo, a decisão final do juiz responsável, seja condenatória, seja absolutória, depende do convencimento motivado e das provas produzidas nos autos.

Importa salientar que o Ministério Público tem "prerrogativas e poderes necessários para o fim de determinar diligências investigatórias para a apuração de fatos delituosos" (Pacelli, 2020, p. 355). Ademais, é questionável a possibilidade de membro do órgão que tenha participado da fase pré-processual de atuar no processo criminal.

Entretanto, "a mera participação do membro do MP na fase investigatória, por si só, não é capaz de gerar impedimentos ou suspeição do promotor para o ato" (Dezem, 2017, p. 704), entendimento contido na Súmula n. 234 do Superior Tribunal de Justiça (STJ), estando a jurisprudência uniforme nesse sentido:

> constata-se que a jurisprudência atual dos Tribunais Superiores é uniforme no sentido de que o órgão ministerial possui legitimidade para proceder, diretamente, à colheita de elementos de convicção para subsidiar a propositura de ação penal, só lhe sendo vedada a presidência do inquérito, que compete exclusivamente à autoridade policial, de tal

sorte que a realização de tais atos não afasta a legitimidade do Ministério Público para a propositura da ação penal (STJ, RHC 24752/MG).

Assim, considerando as atribuições legais e constitucionalmente previstas ao órgão do Ministério Público, a participação do membro na fase pré-processual tem por finalidade a colheita de elementos de provas, os quais são basilares "para a formação da *opinio delicti* do representante do órgão ministerial" (STJ, RHC 24752/MG), não sendo causa para seu afastamento.

— 1.3 —
Acusado

O *acusado* é assim denominado quando figura no polo passivo de uma ação penal em que se pretende apurar a prática de uma infração. Entretanto, a condição de acusado somente é alcançada após o recebimento da peça acusatória, seja em razão do oferecimento da denúncia pelo Ministério Público, seja pela queixa apresentada pelo ofendido ou por seu representante legal.

O acusado pode ser reconhecido como réu nas ações de iniciativa pública. Contudo, pode responder criminalmente e figurar no polo passivo da ação penal, além da pessoa física, também a pessoa jurídica quando da prática de crime contra o meio ambiente, conforme disposto no art. 225, parágrafo 3°, da Constituição Federal e no art. 3° da Lei n. 9.605, de 12 de fevereiro de 1998 (Brasil, 1998). Contudo, é importante frisar que "não é necessária a dupla imputação, uma vez que a Constituição da República não faz essa exigência expressamente, ou seja, não condicionou a responsabilização penal da pessoa jurídica à responsabilização penal da pessoa física que atua em seu nome e em seu benefício" (Habib, 2018, p. 142).

Nas ações de iniciativa privada, o acusado pode também ser chamado de *querelado*, ou, ainda, ser denominado *autor do fato* "quando se tratar de investigação materializada em termo circunstanciado, procedimento que se destina à apuração das infrações penais de menor potencial ofensivo a que se refere a Lei n. 9.099/95" (Marcão, 2020, p. 692).

Em sede inquérito policial, ou seja, na fase pré-precessual, que antecede a ação penal, "não há que se falar em acusado ou réu, senão em suspeito ou indiciado" (Lopes Júnior, 2018, p. 541).

> Diferencia-se do suspeito e do indiciado. Quando praticada a infração penal, várias são as possibilidades em termos de autoria. Temos aqui a figura do suspeito. À medida em que [sic] a investigação se aprofunda e o feixe de indícios converge para uma pessoa, a autoridade policial promoverá o indiciamento dessa pessoa. Antes do recebimento da denúncia, mas após o seu oferecimento, teremos figura que não tem grande relevância processual, que é a figura do denunciado. (Dezem, 2017, p. 706)

E, após a sentença penal condenatória transitada em julgado, sendo os autos encaminhados ao juízo das execuções penais, o acusado será denominado de *executado*, "independente da natureza da pena ou da medida de segurança que estiver sendo executada" (Marcão, 2016, p. 663).

A previsão do art. 5º, inciso LV, da Constituição Federal, ao dispor "aos litigantes, em processo judicial ou administrativo, e aos acusados em geral são assegurados o contraditório e ampla defesa, com os meios e recursos a ela inerentes", alcança tanto o acusado na ação penal[21] quanto o suspeito na fase de inquérito policial, sendo evidente a intenção do legislador de realizar a ampla proteção, garantindo a concretização de direitos fundamentais.

— 1.3.1 —
Legitimatio ad processum e *legitimatio ad causam*

Quando tratamos do acusado, referimo-nos à capacidade de o acusado integrar a relação processual e estar em juízo, o que se chama de *legitimatio ad processum*, ou seja, quando tem legitimidade para qualquer processo. E quando mencionamos a capacidade para um processo específico, aludimos à *legitimatio ad causam*, como é o caso do menor de 18 anos, que, "além

---

21 Código de Processo Penal: "Art. 261. Nenhum acusado, ainda que ausente ou foragido, será processado ou julgado sem defensor".

de inimputável, não detém também – aliás, por isso mesmo – capacidade ou legitimação *ad processum*" (Pacelli, 2018, p. 476)

A condição de incapaz, na sistemática do Código Civil de 1916 – Lei n. 3.071, de 1º de janeiro de 1916 (Brasil, 1916) – era estabelecida em seu art. 9º: "aos 21 (vinte e um) anos completos acaba a menoridade, ficando habilitado o indivíduo para todos os atos da vida civil". Essa qualidade foi alterada com a entrada em vigor do atual Código Civil – Lei n. 10.406, de 10 de janeiro de 2002 (Brasil, 2002a), que dispõe, em seu art. 5º, que "a menoridade cessa aos dezoito anos completos, quando a pessoa fica habilitada à prática de todos os atos da vida civil".

Ao dispor o Código de Processo Penal (Decreto-Lei n. 3.689/1941), em seu art. 262, que "ao acusado menor dar-se-á curador", referia-se ao maior de 18 anos e menor de 21 anos. Essa definição não foi alterada pelas novas disposições do atual Código Civil, que, em seu art. 2.043, dispõe que "até que por outra forma se disciplinem, continuam em vigor as disposições de natureza processual, administrativa ou penal, constantes de leis cujos preceitos de natureza civil hajam sido incorporados a este Código".

No entanto, a Lei n. 10.792, de 1º de dezembro de 2006 (Brasil, 2006a) revogou expressamente o art. 194 do Código de Processo Penal, o qual contemplava a necessidade de nomeação de curador para o réu menor de 21 anos e maior de 18 anos.

Assim, mesmo que não tenha sido realizada a revogação expressa do disposto no art. 262 do Código de Processo Penal, entendemos que é o caso de revogação tácita, em razão da incompatibilidade com os dispositivos que elencamos anteriormente.

Por fim, devemos ressaltar que, sendo incerta a identificação do acusado ou diante da impossibilidade de identificar seu verdadeiro nome ou qualitativos, isso não impede nem retarda a ação penal, desde que certa a identidade física do acusado, conforme disposto no art. 259 do Código de Processo Penal.

Ao longo do processo, do julgamento ou da execução da sentença, se descoberta a qualificação do acusado, pode ser realizada retificação nos autos, "inclusive em sede de execução de pena" (Marcão, 2016, p. 663).

— 1.4 —

Defensor

No processo penal, existe a obrigatoriedade da presença do defensor[22] em razão da "indisponibilidade do direito de defesa" e da necessidade que tem o réu de ser "assessorado por pessoa dotada de capacitação técnica para tornar efetivo o exercício desse direito" (Avena, 2019, p. 105), garantia que "sempre esteve expressa nos textos constitucionais pátrios" (Marcão, 2020, p. 693), desde a época do Brasil Império.

O defensor, nos termos do art. 133 da Constituição Federal, é indispensável à administração da Justiça, mormente porque será

---

22 "O próprio nome do advogado soa como um grito de ajuda. *Advocatus, vocatus ad*, chamado a socorrer [...]. O advogado é aquele ao qual se pede, em primeiro lugar, a forma essencial da ajuda, que é, propriamente, a amizade" (Carnelutti, 2009, p. 33).

ele o responsável pela defesa técnica do réu, garantindo o direito constitucional do exercício do contraditório e da ampla defesa. Esta última é exercida por meio da "defesa técnica, autodefesa, defesa efetiva" (Pacelli, 2018, p. 479) e com os meios e recursos a ela inerentes (art. 5º, LV, da Constituição Federal), pois, para que seja possível falar em devido processo, é necessário que sejam concretizados direitos e garantias individuais.

Ao tratar do tema, logo podemos identificar a ampla defesa (Pacelli; Fischer, 2019, p. 665), e não poderia ser diferente, em virtude da posição de destaque a ela inerente, ainda mais quando se trata da necessidade de garantismo nas ações penais, "não é nada mais que isso: a abertura total à dúvida razoável, a partir do reconhecimento da precariedade do conhecimento humano" (Pacelli; Fischer, 2019, p. 666). "O risco de absolvição de um culpado é muito grave; mas, aquele (risco) de condenação de um inocente é simplesmente impagável e inaceitável, a não ser por erro plenamente justificado na própria falibilidade humana" (Pacelli; Fischer, 2019, p. 666).

A Constituição Federal, ao dispor sobre a obrigatoriedade de assegurar a ampla defesa, estabelece que os direitos fundamentais devem ser assegurados no processo tanto judicial quanto administrativo, sendo possível inferir que será, inclusive, oportunizado ao advogado o acesso às provas documentadas em procedimento investigatório[123] realizado por órgão com competência de polícia judiciária, quando este tenha relação com o exercício do direito de defesa, conforme o teor da Súmula Vinculante n. 14 do STF.

No que se refere às provas documentadas, cabe mencionar que a Lei n. 8.906, de 4 de julho de 1994 (Brasil, 1994) – Estatuto da Advocacia –, em seu art. 7º, inciso XIII, elenca como direito do advogado "examinar, em qualquer órgão dos Poderes Judiciário e Legislativo, ou da Administração Pública em geral, autos de processos findos ou em andamento, mesmo sem procuração, quando não estiverem sujeitos a sigilo ou segredo de justiça, assegurada a obtenção de cópias, com possibilidade de tomar apontamentos". Entretanto, cabe a ressalva no que se refere ao entendimento de que o advogado tem pleno acesso aos processos administrativos e judiciais, mesmo sem procuração, desde que os elementos já estejam documentados. A medida visa garantir e evitar frustações quanto aos atos de investigação. O direito de ampla defesa pode ser analisado sob duas perspectivas. Primeiramente, diz respeito à autodefesa, que significa a atuação do próprio acusado a fim de resguardar seus interesses, visando, exclusivamente, direcionar o convencimento do magistrado, o que pode ser feito de forma ativa (Pacelli; Fischer, 2019), por meio de seu interrogatório e de comparecimentos aos atos do processo (Bonfim,

---

23 "Ainda na fase de investigação, embora a lei não disponha adequadamente a respeito, poderá o defensor apresentar meios de prova à autoridade policial que preside o inquérito (requerer a juntada de documento, indicar testemunhas etc.); em situações variadas, poderá a defesa ingressar com habeas corpus ou mandado de segurança etc." (Marcão, 2016, p. 667).

2020, p. 531). Em segundo lugar, refere-se à defesa técnica, que é realizada por intermédio de advogado, devidamente inscrito nos quadros da OAB e habilitado nos autos, "em obediência ao princípio da paridade de armas, que informa o processo penal" (Bonfim, 2020, p. 532).

Sendo imprescindível a presença do advogado, independentemente de estar o réu ausente ou foragido (art. 261 do Código de Processo Penal), trata-se de um "direito indisponível" (Marcão, 2020, p. 693), ou seja, não pode o réu ser processado sem que tenha advogado que o represente nos autos.

— 1.4.1 —
Constituído, público, dativo e *ad hoc*

Em todo e qualquer ato processual que se realize, é necessário que haja a presença de um defensor, devidamente habilitado nos quadros da OAB, seja ele constituído, seja defensor público, seja dativo, e nomeado exclusivamente para o ato (*ad hoc*), com o objetivo de "estabelecer o equilíbrio", atuando "exclusivamente em favor do acusado" (Bonfim, 2019, p. 531).

> Numa visão mais ampla, entretanto, é preciso admitir que a atuação do defensor não se restringe ao processo, visto que, embora tecnicamente não exista acusação na fase de investigação, e por isso não se permita falar em defesa nesse momento sensível da persecução penal, tampouco se faz cabível a amplitude defensória nos moldes em que se verifica no

curso do processo contraditório, não se pode negar que a defesa técnica também se faz possível na fase pré-processual e tem significativas repercussões nos rumos daquilo que ainda virá. (Marcão, 2020, p. 2016)

O acusado, no processo penal, assim como em toda e qualquer área em que seja necessária a participação de advogado, pode escolher livremente um defensor que atenda aos seus anseios, opção que "implicará a constituição do defensor, que receberá, no processo, a qualificação de defensor ou advogado **constituído**. E porque escolhido pelo réu, somente por ele poderá ser **desconstituído**" (Pacelli; Fischer, 2019, p. 667, grifo do original).

O defensor ou advogado é constituído por intermédio de procuração, que deve ser juntada aos autos, "sob pena de nulidade ou até mesmo inexistência dos atos que vier a praticar"[24] (Avena, 2020, p. 121), sendo, então, designado como procurador do acusado.

Um questionamento comum referente à necessidade de juntada de mandato procuratório nos autos ocorre em razão do art. 266 do Código de Processo Penal, o qual dispõe que independe de instrumento de mandato se o acusado fizer a indicação de procurador no ato do interrogatório, conhecida como "nomeação ou constituição *apud acta*" (Avena, 2020, p. 122).

---

24 "É o que ocorre, por exemplo, no caso de recursos dirigidos às instâncias superiores, dispondo a Súmula n. 115 do STJ que, 'na instância especial, é inexistente o recurso interposto por advogado sem procuração nos autos'" (Avena, 2020, p 121).

O referido dispositivo acabou perdendo a eficácia ante a alteração realizada nos procedimentos previstos no Código de Processo Penal com o advento da Lei n. 11.719, de 20 de junho de 2008 (Brasil, 2008b), a qual alterou a ordem do iter procedimental, visto que o procedimento tinha como primeiro ato do processo o interrogatório. A antiga redação do art. 394 do Código de Processo Penal previa que: "o juiz, ao receber a queixa ou denúncia, designará dia e hora para o interrogatório, ordenando a citação do réu e a notificação do Ministério Público e, se for caso, do querelante ou do assistente".

Entretanto, tendo em vista a necessidade de adequar o procedimento aos anseios constitucionais, a fim de assegurar os direitos e as garantias fundamentais do acusado, o ato de interrogatório passou a ser o último ato da instrução criminal.

Assim, quando da ocorrência do interrogatório, ao final da instrução, o réu já terá apresentado a defesa por intermédio de advogado, ocorrendo dessa forma "perda de eficácia do dispositivo, ainda que não se possa afirmar a sua invalidade pela superveniência das novas regras" (Pacelli; Fischer, 2019, p. 680).

Em algumas situações, é necessário que o instrumento procuratório contenha os chamados *poderes especiais*, visto que "a lei não se contenta com a existência de simples procuração genérica feita pelo réu ao advogado" (Avena, 2020, p. 122), como, por exemplo:

as hipóteses de aceitação do perdão do ofendido (art. 59 do CPP)[125], arguição de exceção de suspeição do juiz (art. 98 do CPP)[126] e arguição da falsidade documental (art. 146 do CPP)[127]. Em outros casos, é a jurisprudência que assim impõe. É o caso, por exemplo, da desistência do recurso[128] que, realizada apenas pelo defensor, exige procuração com poderes especiais para que produza efeitos. (Avena, 2020, p. 122)

---

25 Código de Processo Penal: "Art. 59. A aceitação do perdão fora do processo constará de declaração assinada pelo querelado, por seu representante legal ou procurador com poderes especiais".

26 Código de Processo Penal: "Art. 98. Quando qualquer das partes pretender recusar o juiz, deverá fazê-lo em petição assinada por ela própria ou por procurador com poderes especiais, aduzindo as suas razões acompanhadas de prova documental ou do rol de testemunhas".

27 Código de Processo Penal: "Art. 146. A arguição de falsidade, feita por procurador, exige poderes especiais".

28 "AGRAVO REGIMENTAL. RECURSO ESPECIAL. DIREITO PROCESSUAL PENAL. APELAÇÃO. PEDIDO DE DESISTÊNCIA DO RECURSO. SUBSCRITOR DO PEDIDO NÃO POSSUI PODERES ESPECÍFICOS EM PROCURAÇÃO. IMPOSSIBILIDADE. ACÓRDÃO A QUO EM CONSONÂNCIA COM A JURISPRUDÊNCIA DESTE TRIBUNAL. SÚMULA 83/STJ. 1. O Superior Tribunal de Justiça considera inválido o pedido de desistência do recurso se o subscritor do pedido não possui poderes para tanto, seja em relação ao direito sobre o qual se funda a demanda, seja em relação ao próprio recurso. 2. A desistência do prazo recursal, efetivada pelo patrono dos assistentes da acusação – que consistiria na renúncia ao direito de apelar –, necessita da anuência expressa dos próprios assistentes, o que, in casu, não se efetivou, razão por que resulta inválida. 3. Importante salientar que não se deve desvirtuar os institutos jurídicos controvertidos nos presentes autos, porquanto, na desistência, existe a interposição prévia de um recurso; na renúncia, não há. 4. A ninguém é dado ignorar que a parte pode renunciar ou desistir do recurso ou da ação, sendo a renúncia e a desistência de caráter irrevogável. Mas a doutrina e a jurisprudência têm exigido cautela quando a renúncia parte do próprio réu, que deveria formalizá-la em termo próprio ou perante o próprio juízo. 5. Incidência da Súmula 83/STJ. 6. O agravo regimental não merece prosperar, porquanto as razões reunidas na insurgência são incapazes de infirmar o entendimento assentado na decisão agravada. 7. Agravo regimental improvido." (STJ, AgRg nos EDcl no REsp 1230482/CE)

Outro exemplo muito comum, e talvez o mais conhecido, é a necessidade de procuração com poderes especiais para que o advogado possa apresentar a queixa-crime, prevista no art. 44 do Código de Processo Penal.

Como a necessidade de advogado para realizar a defesa do acusado não constitui mero capricho no processo penal, inclusive sua ausência configura nulidade absoluta[129], a defesa pode ser patrocinada pela Defensoria Pública: "**órgão representativo do modelo constitucional de assistência jurídica estatal, com profissionais jurídicos proporcionados pelo Estado (CADH, art. 8º, 2, "e"). A relevância e importância da Defensoria implica em [sic] reconhecer o desafio de um verdadeiro *compliance* democrático**" (Rosa, 2020, p. 499, grifo do original).

Existem alguns motivos pelos quais ocorre a assistência defensorial, seja porque o réu, mesmo devidamente citado, não constituiu advogado e não compareceu aos autos, seja em razão de o réu não ter advogado por hipossuficiência econômica (Rosa, 2020). Nesses casos, a Defensoria Pública tem por finalidade cumprir com os fins sociais que foram responsáveis por sua criação pelo constituinte originário:

> a criação de uma instituição voltada para a promoção dos direitos humanos e da assistência jurídica integral e gratuita, para a concretização da ampla defesa e de um contraditório

---

29 Código de Processo Penal: "Art. 564. A nulidade ocorrerá nos seguintes casos: [...] III - por falta das fórmulas ou dos termos seguintes: [...] c) a nomeação de defensor ao réu presente, que o não tiver, ou ao ausente [...]".

substancial destinados à efetiva influência na decisão judicial, como corolários da garantia do acesso à ordem jurídica justa. (Rosa; Rocha, 2017)

Cumpre ressaltar que a Defensoria Pública pode tornar-se representante "judicial-postulatório da vítima necessitada de tal atuação jurídica – função essa possibilitada pela LC. 80/1994, como reconhecida também pelo STJ" (Rosa, 2020, p. 502). É muito comum encontrarmos a referida situação nos casos de violência doméstica e familiar contra a mulher.

Mesmo diante da possibilidade de assistência pelo referido órgão, "é fato que nem todas as unidades federativas implantaram e/ou aparelharam adequadamente essa instituição essencial" (Marcão, 2016, p. 669). Uma solução alternativa é a nomeação, pelo juiz, de defensor para proceder a defesa do réu, resguardado ao réu o direito de, a todo tempo, nomear outro de sua confiança, podendo a si mesmo defender se tiver capacidade postulatória (art. 263 do Código de Processo Penal), ou seja, estando devidamente habilitado nos quadros da OAB.

> Ressalte-se que a autodefesa não requer apenas capacitação técnica. Sua suficiência para regularidade do processo criminal exige que se trate o réu de advogado e que esteja regularmente inscrito nos quadros da Ordem dos Advogados do Brasil. Assim, acusado criminalmente, não poderá um juiz ou um promotor, por exemplo, realizar a autodefesa sob o argumento de que seus conhecimentos jurídicos são presumidos pela função exercida. (Avena, 2020, p. 122)

A nomeação de defensor dativo para patrocinar a defesa do réu, nas comarcas em que for insuficiente a assistência ou em casos de ausência de Defensoria Pública, é totalmente permitida diante da "inexistência de exclusividade do órgão para atuar nas casas em que figure pessoa carente, sobretudo se considerada a atual realidade institucional" (STF, HC 123.494/ES).

Para os casos de nomeação do advogado dativo, ao acusado que for pobre, os honorários advocatícios serão arbitrados judicialmente, por ocasião da sentença, segundo a tabela organizada pelo Conselho Seccional da OAB, conforme disposto no art. 22 da Lei n. 8.906/1994:

> A prestação de serviço profissional assegura aos inscritos na OAB o direito aos honorários convencionados, aos fixados por arbitramento judicial e aos de sucumbência. § 1º O advogado, quando indicado para patrocinar causa de juridicamente necessitado, no caso de impossibilidade da Defensoria Pública no local da prestação de serviço, tem direito aos honorários fixados pelo juiz, segundo tabela organizada pelo Conselho Seccional da OAB, e pagos pelo Estado.

A sentença que arbitra os honorários é título executivo judicial, constituindo "crédito privilegiado na falência, concordata, concurso de credores, insolvência civil e liquidação extrajudicial" (art. 24 da Lei n. 8.906/1994), assegurando o pagamento pelo ente federado.

No entanto, se o acusado que teve a nomeação de defensor dativo não for pobre, será obrigado a realizar o pagamento dos honorários advocatícios do defensor dativo que forem arbitrados pelo juiz, conforme determina o parágrafo único do art. 263 do Código de Processo Penal.

Já o defensor *ad hoc* é aquele nomeado em caráter de substituição, de forma provisória ou só para o efeito do ato, quando o defensor, anteriormente constituído ou nomeado, não provar o impedimento até a abertura da audiência de instrução e julgamento, motivo pelo qual o juiz não determina o adiamento do ato[130].

---

30 "EMBARGOS DE DECLARAÇÃO EM AGRAVO EM RECURSO ESPECIAL CARÁTER INFRINGENTE. RECEBIMENTO COMO AGRAVO REGIMENTAL. COMPLEMENTAÇÃO DAS RAZÕES NOS TERMOS DO ART. 1.024, §3º, DO CPC. ALEGAÇÕES FINAIS. AUSÊNCIA/DEFICIÊNCIA DA DEFESA. INEXISTÊNCIA DE PREJUÍZO. INTERROGATÓRIO. ADVOGADO CONSTITUÍDO. SUSPENSÃO CONDICIONAL DO PROCESSO. ART. 89 DA LEI 9.099/95. MOMENTO PROCESSUAL ADEQUADO. OFERECIMENTO DA DENÚNCIA. EMBARGOS DE DECLARAÇÃO RECEBIDOS COMO AGRAVO REGIMENTAL. AGRAVO IMPROVIDO. 1. Embargos de declaração opostos à decisão monocrática com propósito meramente infringente devem ser recebidos como agravo regimental, com base no princípio da fungibilidade recursal. 2. Observância do direito de complementação das razões recursais dos embargos de declaração, recebidos como agravo regimental, nos termos do art. 1.024, § 4.º, do CPC, por analogia. 3. Se o Tribunal de origem afastou a tese de ausência de defesa, consignando a inexistência de prejuízo para o réu, pois verificada tão somente deficiência na defesa técnica, não se constata nulidade, nos termos da Súmula 523/STF. 4. Devidamente fundamentada a decisão de indeferimento do pleito de adiamento da audiência de interrogatório, a ausência do defensor constituído ao interrogatório do réu não enseja nulidade, sobretudo quando acompanhado de defensor ad hoc. 5. Admite-se a retirada da proposta de suspensão condicional do processo, logo após a informação da existência de outras ações penais em curso, ainda que estas sejam, supervenientemente, extintas a punibilidade no curso do presente feito perante o Juízo singular. 6. Embargos de declaração recebidos como agravo regimental, ao qual se nega provimento." (STJ, PET nos EDcl nos EDcl no AREsp 1486037/PR)

— 1.4.2 —
Necessidade de manifestação fundamentada

Ao art. 261 do Código de Processo Penal foi acrescentado, por força da Lei n. 10.792/2003, o parágrafo único, que prevê a necessidade de que, quando for realizada por defensor público ou dativo, a defesa técnica deve ser sempre exercida por meio de manifestação fundamentada, o que "se refere à exigência de uma atuação mais efetiva" daqueles que podem responder pela defesa técnica, e isso, muitas vezes, "depende da atuação do réu, já que é ele quem detém as informações necessárias à preparação da defesa" (Pacelli, 2018, p. 479).

A necessidade da defesa por meio de manifestação fundamentada "somente pode ser aplicada nas fases procedimentais em que haja debate sobre questões de fato e de direito" (Pacelli, 2018, p. 479), não bastando "a mera presença física de defensor acompanhando os atos processuais, importando também verificar a eficiência da defesa realizada" (Avena, 2019, p. 106).

Ao juiz, em conformidade com as funções que exerce no processo, cabe verificar a atuação profissional do advogado, podendo realizar a nomeação de outro defensor para patrocinar a defesa do réu no procedimento. Contudo, quando se trata de defensor constituído, pode o juiz conceder prazo para que o réu possa constituir novo advogado, ressalvando que, se o réu não o fizer, poderá o juiz fazer a nomeação de defensor, sem prejuízo do direito de o acusado constituir advogado de sua confiança a qualquer momento.

A discussão que se levanta é em relação a Súmula n. 523 do STF, que estabelece que, "no processo penal, a falta de defesa constitui nulidade absoluta, mas a sua deficiência só o anulará quando houver prova de prejuízo para o réu". Sobre o tema, ensina Norberto Avena (2019, p. 106):

> Ora, tanto a falta como a deficiência de defesa refletem nas garantias previstas no art. 5.º, LV, da Constituição Federal (contraditório e ampla defesa). Sendo assim, a nulidade, em ambas as hipóteses, deveria ser considerada absoluta. Não obstante, os termos da precitada Súmula deixam claro que, no entendimento do Excelso Pretório, a defesa deficiente importa em nulidade relativa, exigindo a demonstração do prejuízo. Trata-se, pois, de exceção decorrente de construção jurisprudencial, à regra de que é absoluta a nulidade que se originar de afronta direta ou indireta a garantias constitucionais. Idêntica posição é adotada pelo STJ: "nos termos do enunciado 523 da Súmula do Supremo Tribunal Federal, no processo penal, a falta de defesa constitui nulidade absoluta, mas a sua deficiência só o anulará se houver prova de prejuízo para o réu.

Entretanto, não sendo possível a demonstração do prejuízo da parte, o feito não pode ser anulado, pois, conforme a atual sistemática do art. 563 do Código de Processo Penal, a nulidade só pode ser declarada se for comprovado o efetivo prejuízo.

Assim, em razão da obrigatoriedade do defensor no processo penal, bem como da responsabilidade dele para com a realização de defesa do réu, o art. 264 do Código de Processo Penal dispõe que, salvo motivo relevante, os advogados "serão obrigados [...] a prestar seu patrocínio aos acusados, quando nomeados pelo Juiz". Não é permitido, na forma do art. 265, ao defensor abandonar o processo, senão por motivo imperioso, devendo comunicar o juiz previamente, sob pena de aplicação de multa e das demais sanções cabíveis.

— 1.5 —

Assistente

Quando ocorre o cometimento de uma infração penal, a aplicação da sanção prevista na norma depende do tipo de ação penal, a fim de que seja verificado a quem compete sua titularidade. A regra prevista no Código de Processo Penal é que as ações penais são públicas e incondicionadas, competindo privativamente, nos termos do art. 129 da Constituição Federal, ao Ministério Público a titularidade da persecução penal.

A importância de mencionarmos a regra das ações penais elencadas pelo Código de Processo Penal reside no fato de que a figura do assistente do Ministério Público, conhecido como *assistente de acusação*, somente pode intervir nos termos da ação pública, seja ela condicionada, seja incondicionada à representação do ofendido. Portanto, não existe a figura do assistente na ação penal privada, visto que, nesses casos, o ofendido já figura no polo passivo da ação como parte necessária.

Podem intervir como assistente, de acordo com o art. 268 do Código de Processo Penal, o ofendido ou seu representante legal, ou, na falta, na forma do art. 31 do Código de Processo Penal, o cônjuge, ascendente, descendente ou irmão. Devemos ressaltar a possibilidade do companheiro e da companheira serem representantes legais, visto o entendimento já firmado pelo STF quando do julgamento da ADI (Ação Direta de Inconstitucionalidade) n. 4.277 e ADPF (Arguição de Descumprimento de Preceito Fundamental) n. 132, no sentido de que as regras e as consequências válidas para a união heteroafetiva devem ser aplicadas de igual forma para a união de pessoas do mesmo sexo.

No caso de aparecer mais de um interessado em atuar como assistente, deve ser aplicada a regra disposta no art. 36 do Código de Processo Penal, tendo preferência o cônjuge e, em seguida, o ascendente, descendente e o irmão.

Em casos excepcionais, pode ser admitida a atuação concomitante de mais de um assistente, "quando se encontrarem em igualdade de condições e não houver consenso entre eles", como, por exemplo, o caso de "filhos como assistentes em processo de homicídio da genitora comum" (Marcão, 2018, p. 645).

Nada impede a participação assistencial de pessoa jurídica na ação penal pública "quando reconhecida sua condição de vítima" (Avena, 2019, p. 112), sendo este o entendimento firmado pelo STF:

> Apesar de divergências na doutrina, o STF firmou jurisprudência no sentido de aceitar a habilitação de pessoa jurídica como assistente de acusação, quando reconhecida sua condição de vítima. Não foi outro, aliás, o entendimento da Corte diante de requerimento feito pela Petrobras, para o fim de

atuar como assistente de acusação em ação penal movida contra réus que, ao longo de quase uma década, locupletaram-se, ilegalmente, de valores decorrentes de licitações fraudulentas, que importaram em prejuízos de milhões à estatal (Ação Penal 996/DF, Rel. Min. Teori Zavascki, decisão monocrática, j. 01.12.2016). (Avena, 2020, p. 128)

No mesmo sentido, já se manifestou o STJ "no âmbito do processo criminal relativo às 242 mortes (entre outros crimes) envolvendo incêndio na Boate Kiss, na cidade gaúcha de Santa Maria, ocorrido em 27 de janeiro de 2013" (Avena, 2020, p. 128), tendo o voto sido fundamentado da seguinte forma:

> **c) Nulidade. Impossibilidade de uma pessoa jurídica figurar como assistente de acusação. Arts. 31 e 268, ambos do CPP:** Mais uma vez, verificou-se incidir a Súmula nº 83 do STJ, uma vez que a decisão guerreada se encontra fundamentada em precedente desta Corte Superior (HC n. 155.858/PE, Rel. Ministra Maria Theresa de Assis Moura). A questão já havia sido decidida na Correição Parcial n. 70054289947 (fl. 18.089, grifei): Por outro lado, o art. 273 do mesmo diploma, de duvidosa constitucionalidade, ao menos em face da atual Carta Magna, admite temperamentos, como o mandado de segurança em caso de indeferimento da habilitação do assistente da acusação e a correição parcial na hipótese de exclusão do assistente já habilitado. No mérito, não obstante o disposto nos arts. 268 e 31 do CPP, **é razoável a admissão da associação formada entre os familiares das vítimas e os sobreviventes da tragédia da boate Kiss como assistente de acusação,**

mesmo porque tal pessoa jurídica representa exatamente as pessoas previstas naqueles dispositivos legais, além de que seria inviável exigir-se habilitação individual de todos os ofendidos sobreviventes e familiares de todos os mortos. Preliminar rejeitada. Correição parcial indeferida." [...] "Por derradeiro, convém referir que, segundo a breve pesquisa que realizei, a matéria é escassa nos repertórios pátrios. **Mas existe no Colendo Superior Tribunal de Justiça um claro precedente, o Habeas Corpus n. 155.858/PE, da relatoria da eminente Ministra Maria Teresa de Assis Moura**, em que, num processo por crime de estelionato (art. 171 do Código Penal), **foram admitidos como assistentes da acusação um determinado Condomínio e o Banco do Brasil, ambos vítimas da atividade fraudulenta do acusado.**" (STJ, REsp 1790039/RS, grifo do original).

Para os casos de assistência, o impedimento é em relação ao corréu no mesmo processo, no qual não ele pode intervir como assistente do Ministério Público (art. 270 do Código de Processo Penal). Ainda que as imputações realizadas não sejam as mesmas, "parece evidente que a matéria defensiva de cada um dos réus não pode ser reproduzida na posição de acusação" (Pacelli, 2019, p. 614).

A legitimação não dispensa a exigência de capacidade postulatória, devendo o o ofendido, ou seu representante legal, se fazer representar por advogado devidamente inscrito nos quadros da OAB, realizando o pedido de habilitação para sua admissão, que só pode ocorrer no curso do processo de conhecimento, ou seja, após o recebimento da denúncia, e enquanto não passar em julgado a sentença. Devemos ressaltar, ainda, que há o impedimento da figura do assistente no inquérito policial, pois se trata de fase anterior ao recebimento da denúncia e até mesmo anterior ao curso do processo penal.

Aquele que tiver a intenção de intervir como assistente do Ministério Público, e estando no rol dos legitimados para a atuação, precisa fazer requerimento ao juiz, devendo ser ouvido, previamente, o Ministério Público sobre a admissão do assistente (art. 272 do Código de Processo Penal), e, posteriormente, o juiz proferirá despacho informando sobre a admissão ou não do assistente. Além disso, ressaltamos que, da decisão que decidir pela possibilidade ou não de intervenção, não cabe recurso (art. 273 do Código de Processo Penal).

No caso de admissão, o assistente recebe a causa no estado em que se encontrar, conforme disposto no art. 269 do Código de Processo Penal, atuando em atividade eminentemente supletiva. É permitido ao assistente, de forma taxativa, conforme o art. 271 do Código de Processo Penal: "propor meios de prova, requerer perguntas às testemunhas, aditar o libelo e os articulados, participar do debate oral e arrazoar os recursos interpostos pelo Ministério Público, ou por ele próprio".

Por fim, há a questão sobre a possibilidade de ser o assistente removido, já que ausente se faz a menção do legislador nas disposições do Código de Processo Penal. E aqui cabe a ressalva de haver essa possibilidade quando ficar evidente que o assistente do Ministério Público está causando prejuízo à acusação, como no caso do julgamento dos autos do Processo n. 364903-6 julgado pelo Tribunal de Justiça do Estado do Paraná:

> CORREIÇÃO PARCIAL - CABIMENTO - ATUAÇÃO DO ASSISTENTE CONFLITANTE COM A DO MINISTÉRIO PÚBLICO NO PLENÁRIO DO TRIBUNAL DO JÚRI - EXCLUSÃO DO ASSISTENTE DE ACUSAÇÃO PELO JUÍZO A QUO - INDEFERIMENTO DA CORREIÇÃO.
>
> 1. O assistente de acusação tem uma atuação secundária na ação penal pública incondicionada, visto que seu fim, em regra, é obter o título executivo, a fim de que possa liquidá-lo e promover sua execução no Juízo Cível competente, a teor do artigo 475-N, inciso II, do CPC.
>
> 2. Encontra-se fora do âmbito de atuação da assistência à acusação o manejo de tese diversa da acusação em Plenário, sob pena de desnaturá-la e transformá-la em uma assistência simples ao réu, o que colide com a finalidade do instituto. Ocorrência no caso concreto. (TJPR, Processo n. 364903-6)

No caso apresentado na citação anterior, o assistente de acusação teve entendimento incompatível com o Ministério Público, não sendo possível sua permanência no processo. E, nos casos de exclusão do assistente no curso do processo, é cabível o ingresso de correição parcial.

1.6
Peritos, intérpretes e funcionários da Justiça

Ao tratarmos dos sujeitos processuais, podemos verificar que o legislador não "se refere apenas às pessoas que atuam no processo, no exercício de faculdades e ônus processuais (as partes) e ao juiz", mas também em relação a todos os sujeitos que possam de alguma forma atentar contra a "independência e imparcialidade da jurisdição" (Pacelli, 2019, p. 624).

Com relação aos **funcionários da Justiça**, dispõe o Código de Processo Penal, em seu art. 274, que são aplicáveis a eles as prescrições sobre suspeição dos juízes, no que for cabível. Em que pese a ausência de menção às hipóteses de impedimento, entende-se ser passível a aplicação de suspeição aos funcionários da Justiça, e o afastamento do serventuário dependerá do grau de influência que ele possa ter em relação ao feito.

Ainda sobre os sujeitos processuais, pode ser apresentada a figura do **perito**, que pode ser oficial ou não, entretanto, ambos os casos estão sujeitos à disciplina judiciária.

Perito é "o indivíduo que é especialista, expert em um assunto ou atividade; que possui habilidade ou conhecimento específico sobre algo; que detenha perícia, em última análise" (Marcao, 2018, p. 654), e sua atuação "é eminentemente técnica e destina-se à formação do convencimento judicial na apreciação da prova" (Pacelli, 2018, p. 494).

Em razão da atuação do perito para dirimir dúvidas acerca do caso penal e da possibilidade de influência dele no julgamento do feito que lhe é extensivo, no que for aplicável, deve ser considerado o disposto sobre a suspeição dos juízes, na forma do art. 280 do Código de Processo Penal.

No art. 279 do Código de Processo Penal estão elencados os impedimentos específicos destinados aos peritos, quais sejam: "I – os que estiverem sujeitos à interdição de direito; II – os que tiverem prestado depoimento no processo ou opinado anteriormente sobre o objeto da perícia; III – os analfabetos e os menores de 21 anos".

Por fim, o **intérprete** pode ser conceituado como "aquele que se põe como intermediador entre determinadas pessoas com o objetivo de traduzir ou fazer compreensível a manifestação de pessoa que se utiliza de linguagem desconhecida pelos demais interlocutores" (Marcão, 2018, p. 654), e, para todos os efeitos, é equiparado ao perito, conforme dispõe o art. 281 do Código de Processo Penal.

Capítulo 2

Comunicação dos atos processuais

O iter procedimental, o caminhar processual, é composto de diversos atos processuais. O ato processual pode ser conceituado como "aquele praticado com o fim de gerar efeitos no processo" (Bonfim, 2019, p. 647), sendo dividido entre atos das partes e atos jurisdicionais.

Os atos das partes são classificados em: dispositivos, que podem ser identificados como "atos de concessão" (Bonfim, 2019, p. 647), ou seja, atos que representam a cessão de um direito, como as audiências preliminares dos Juizados Especiais Criminais quando da aplicação da composição civil dos danos e da oferta de transação penal; os atos instrutórios, que são utilizados na produção probatória; e os atos reais, que são representados pela "garantia real de cumprimento das obrigações processuais (fiança)" (Bonfim, 2019, p. 648).

Já os atos processuais classificados como *jurisdicionais* serão abordados em tópico apartado que trata de decisões processuais penais, com vistas a atender aos fins didáticos de nossa abordagem.

Em suma, os atos processuais, qualquer que seja sua classificação, devem ser considerados como "instrumentos a serviço da eficácia dos direitos fundamentais do contraditório e da ampla defesa" (Lopes Júnior, 2018, p. 542), sendo uma verdadeira forma de garantia de todos aqueles que compõem o processo.

Essa afirmação se justifica no fato de que não é possível arquitetar a concretização de direitos e garantias fundamentais sem que o conteúdo da peça denunciatória, tanto a denúncia quanto a queixa, seja informado ao acusado, nem sem que, no curso do processo, seja propiciada às partes a oportunidade de se manifestar e de comparecer aos atos processuais (Marcão, 2016).

A manifestação do contraditório e da ampla defesa se desenvolve a partir da comunicação dos atos processuais, os quais podem ser divididos em notificação, intimação e citação, cada qual tendo sua finalidade no iter procedimental. Há maior "relevância da comunicação dos atos processuais se considerarmos que o processo é um procedimento em contraditório" (Lopes Júnior, 2018, p. 542); processo que foi desenvolvido em continuidade aos estudos de James Goldschmidt, que tratava do processo como situação jurídica.

É necessário pensar em uma forma de processo não tradicional, visto que o modo tradicional traz uma série de prejuízos, principalmente quando se pensa no processo como um simples caminho percorrido até a sentença, reduzindo sua importância, afastando-o dos valores reais e "retirando o valor da tipicidade processual, da forma enquanto garantia, limite de poder", e se ele for pensado como procedimento em contraditório "deixa de ser mera concatenação de atos, formalmente estruturados, para tomar uma nova dimensão" (Lopes Júnior, 2017b, p. 222). Assim, é primordial a concretização de direitos fundamentais para a realização de um processo penal democrático, até mesmo porque "a natureza de um Estado Democrático de Direito não compreende apenas a forma de eleição de seus representantes, mas exige a estruturação dos Poderes de modo a assegurar a participação dos indivíduos em todos os atos de poder que irão afetá-los" (Pinto; Brener, 2019, p. 37).

O contraditório pressupõe a existência de dois momentos, sendo o primeiro o direito à informação, o conhecimento do processo e de seu conteúdo, ou seja, ter ciência de documentos, provas, atos e de tudo o que se desenvolverá; e, no segundo, a criação de condições de igualdade de tratamento, bem como de oportunidades dentro do processo (Lopes Júnior, 2017b).

Há uma "revaloração da jurisdição na estrutura processual", ou seja, a o abandono da ideia de que o juiz, em que pese ser sujeito processual, seja parte, sendo "garantidor do 'contraditório'", responsável pela regularidade processual e pelo controle de legalidade (Lopes Júnior, 2017b, p. 224), em "virtude da qual a submissão do juiz é somente à lei" (Ferrajoli, 2002, p. 30). Além disso, tem "o juiz um dever de informar e de garantir que a informação seja dada às partes, para que elas, querendo, possam intervir" (Lopes Júnior, 2020, p. 588).

Ao tratar de intervenção das partes no processo penal, devemos mencionar que não se trata de mero dever, mas sim de uma possibilidade (Lopes Júnior, 2020, p. 588), já que o processo penal tem caráter dinâmico, e seu objetivo é, a partir de diversas situações processuais, as quais são vistas como possibilidades e expectativas (desde que devidamente aproveitadas no momento oportuno), alcançar uma decisão favorável (Lopes Júnior, 2020, p. 277-280).

Assim, o contraditório deve ser assegurado pelo juiz, que tem o dever de "informar e de garantir que a informação seja dada às partes" (Lopes Júnior, 2018, p. 543), sendo garantido ao acusado que se utilize de todos os meios necessários a fim de concretizar os direitos fundamentais e possibilitar sua efetiva participação. Qualquer ato no sentido de suprimir direitos fundamentais ao contraditório e a ampla defesa constitui nulidade absoluta.

— 2.1 —
Citação e garantias

A citação é o ato de maior importância no processo penal, haja vista que, diante de sua ausência, não é possível dar andamento ao iter procedimental, cuja finalidade é dar ciência ao réu da pretensão acusatória formulada contra ele. É a citação que oportuniza ao acusado exercer, de forma efetiva, o contraditório e a ampla defesa, ao ter acesso às informações do processo.

Trata-se do momento em que se completa, no processo, a formação jurídico processual[1] – art. 363 do Código de Processo Penal – Decreto-Lei n. 3.689, de 3 de outubro de 1941 (Brasil, 1941). Contudo, cabe a ressalva de que a citação deve ser realizada de maneira válida, sem qualquer vício relativo à forma como é

---

1 "No processo penal não há que se falar em interrupção da prescrição em razão da citação realizada, visto que uns dos marcos interruptivos da prescrição se dá com o recebimento da denúncia pelo juiz (artigo 107, inciso I do Código Penal)" (Avena, 2020, p. 135).

realizada, sob pena de caracterizar nulidade processual, impedindo o regular andamento do feito.

O destinatário da citação é, exclusivamente, o réu. Assim, de acordo com Avena (2019, p. 119), "não pode ser citada qualquer pessoa em seu lugar, nem mesmo seu advogado, ainda que se pudesse cogitar, paradoxalmente, a existência de procuração com poderes especiais para tanto".

Algumas discussões sobre validade envolvem a chamada *citação imprópria*, "aquela realizada na pessoa do curador nomeado ao acusado considerado incapaz em incidente de insanidade mental instaurado por determinação judicial" (Avena, 2019, p. 119). Em razão disso, existem duas orientações, conforme explica Avena (2019, p. 120, grifo do original):

> **Primeira**: Contrária a essa modalidade citatória, considerando que apenas o acusado pode ser citado, já que a Constituição Federal erigiu a citação à categoria de garantia individual, ao dispor que "aos acusados em geral são assegurados o contraditório e ampla defesa, com os meios e recursos a ela inerentes" (art. 5.º, LV).
>
> **Segunda**: Favorável à citação imprópria, em razão do que prevê o art. 151 do Código de Processo Penal, no sentido de que, reconhecida em incidente de insanidade mental a incapacidade ao tempo do fato, o processo terá prosseguimento por meio de curador. Esta modalidade citatória tem previsão no art. 245, § 5.º, do CPC/2015, cuja aplicação subsidiária, em muitos casos, tem sido aceita no processo penal.

Inexiste qualquer previsão legislativa no que se refere à paralisação do processo "quando, ao tempo da infração penal, foi o acusado reconhecido incapaz – inimputável (art. 26, *caput*, do CP) ou semi-imputável (art. 26, parágrafo único, do CP)" (Avena, 2019, p. 120), mas é certo que, para esses casos, deve ser nomeado curador, na forma do art. 151 do Código de Processo Penal.

A situação é diferente quando a deficiência mental sobreveio à infração, devendo o processo ser suspenso até que o acusado se reestabeleça, conforme dispõe o art. 152 do Código de Processo Penal.

O objetivo da citação, além da comunicação, é para que o réu responda à acusação, por escrito, no prazo de 10 dias, podendo alegar tudo o que for do interesse da defesa, oferecer documentos, justificações, especificar as provas que pretende produzir ao longo do processo e arrolar as testemunhas (arts. 396 e 396-A do Código de Processo Penal).

Cumpre observar que a Lei n. 11.719, de 20 de junho de 2008 (Brasil, 2008b) realizou alteração substancial nos procedimentos previstos no Código de Processo Penal, visto que o art. 394, em sua antiga redação, considerava que "o juiz, ao receber a queixa ou denúncia, designará dia e hora para o interrogatório, ordenando a citação do réu e a notificação do Ministério Público e, se for caso, do querelante ou do assistente".

Assim, o ato da citação tinha por finalidade citar o réu para comparecer em seu interrogatório, sendo este, à época, o primeiro ato do processo. Com a entrada em vigor da Lei n. 11.719/2008, a redação foi alterada para constar no art. 396, redação atual, que "nos procedimentos ordinário e sumário, oferecida a denúncia ou queixa, o juiz, se não a rejeitar liminarmente, recebê-la-á e ordenará a citação do acusado para responder à acusação, por escrito, no prazo de 10 (dez) dias".

Portanto, a citação tem a finalidade, atualmente, de informar o réu sobre a existência de uma pretensão acusatória formulada contra ele, concedendo-lhe a possibilidade de concretizar o contraditório e a ampla defesa, por intermédio da apresentação de resposta à acusação.

Cabe salientar que a resposta à acusação é realizada por intermédio de advogado, visto que este tem capacidade postulatória, podendo representar o réu em juízo, bem como realizando a defesa técnica, conforme visto em tópico próprio no capítulo dos sujeitos processuais.

— 2.1.1 —
Inexistência de revelia no processo penal

Muito se discute sobre as consequências jurídicas após a citação do réu, realizada de maneira válida, e ele não comparece nem constitui advogado para patrocinar sua defesa no processo.

Diferentemente do que ocorre no processo civil, no processo penal não existe a categoria da revelia, tendo em vista sua impropriedade técnica, pois isso não traria qualquer sanção processual para o réu.

Como vimos anteriormente, o estudo do direito processual penal demanda a análise de seus institutos próprios, devendo ser entendido que o direito processual civil é disciplina autônoma e que não se confunde com o processo penal. Conforme Rosa (2020, p. 541):

> Embora possamos invocar "pontes" entre o processo civil e o processo penal, justamente por serem diversos princípios informadores, deve-se ter cuidado para não se tomar uma coisa por outra.
>
> [...]
>
> Assim é que a especialidade do processo penal deve prevalecer em face de normas de diplomas diversos, não obstante dialoguem. O que se verifica é o manejo desmensurado de normas de outros campos, especialmente recursal, dissipando as categorias próprias do processo penal. (Rosa, 2020, p. 541)

Para o direito processual civil, ocorre a revelia quando o réu não contesta a ação – art. 344 do Código de Processo Civil – Lei n. 13.105, de 16 de março de 2015 (Brasil, 2015a). Nesse caso, quando um sujeito que detém o direito material, em que existe uma pretensão resistida, ingressa com a ação no intuito de buscar junto ao Poder Judiciário a satisfação de seu direito, o réu é citado para apresentar defesa, mas se essa defesa não é apresentada, o réu será considerado revel. E "diante deste estado processual (de revelia), é possível que os fatos alegados pelo autor sejam presumidos verdadeiros (art. 344)" (Bueno, 2018, p. 375).

A ociosidade processual, seja pela omissão, seja ausência, não tem qualquer "reprovação jurídica" e, também, "não conduz a nenhuma presunção", continuando a existir, normalmente, a presunção de inocência, até porque é um direito fundamental que deve ser garantido ao réu desde a fase pré-processual (Lopes Júnior, 2018).

> A analogia com o processo civil deve ocorrer quando faltam regras e não quando o disposto de modo diverso ou ausente. Não é porque o processo civil regulamenta de um modelo que se deve buscar ler o processo penal conforme o processo civil, justamente porque são pensados em lógicas diversas, sob pena de ocorrer parasitismo[12]. (Rosa, 2020, p. 541)

Aceitar o instituto da revelia no processo penal "conduziria a admitir um processo penal contumacial[13], absolutamente

---

2   A expressão *parasitismo*, adotada por Alexandre Morais da Rosa, foi retirada do artigo de Marcos Zilli "Simbioses e parasitismos na ciência processual: as indevidas interações entre os processos civil e penal", no qual o autor trata da preservação da identidade própria de cada um dos ramos, visto ser necessária ante "os perigos provocados pelos reducionismos e pela importação automática de conceitos e institutos que, **a despeito da operatividade no processo civil, têm uma incidência cercada de dúvidas na seara penal. Os riscos não residem no reconhecimento de uma base doutrinária comum, mas sim na amplitude que se queira emprestar a esta base. Assim, a interação entre os processos, de profícua e simbiótica, poderá redundar em um parasitismo. No processo penal, mais do que no civil, a dimensão política é escancarada. Afinal, é por ele que o monopólio estatal do uso legítimo da violência busca realização. O seu impulso é dado pela necessidade de satisfação do poder-dever punitivo, o qual não vê outra forma de concretização a não ser pela via processual. Assim, ao mesmo tempo em que expressa o exercício de poder, o processo penal atua como instrumento limitador, impedindo, dessa forma, a realização automática do direito penal**" (Zilli, 2016).

3   A expressão *contumacial* no texto é indicada pelo autor como um processo penal em que o acusado seria obrigado a comparecer em juízo, da mesma forma que ocorre no processo civil, em que a ausência do réu ocasiona a revelia.

incompatível com o processo penal contraditório" (Lopes Júnior, 2018, p. 565), direito este garantido de modo constitucional, bem como no art. 261 do Código de Processo Penal, que dispõe que "nenhum acusado, ainda que ausente ou foragido, será processado ou julgado sem defensor".

O referido instituto da revelia não tem cabimento no processo penal por dois principais motivos. Primeiramente, porque, no procedimento para a solução do caso penal, mesmo depois de realizada a citação, de maneira válida, se o réu deixar de apresentar resposta à acusação, será nomeado defensor dativo para que apresente resposta, consequência prevista no art. 396-A, parágrafo 2º, do Código de Processo Penal.

Não é possível, portanto, afirmar a existência da revelia no processo penal "(ou pelo menos não no sentido próprio do termo, o que significa dizer que a utilização será sempre imprópria e inadequada)" (Lopes Júnior, 2016), visto que, no processo penal, além de não se falar em contestação após a citação do réu, mas sim em resposta à acusação, o procedimento nunca prosseguirá sem defesa.

Em um segundo momento, é possível fazer a afirmação de inexistência de revelia no processo penal, "pois a inatividade do réu não conduz a nenhum tipo de sanção processual" (Lopes Júnior, 2016), e seria um grande erro a possibilidade de atribuir a revelia ao acusado; até é possível, "mas sem poder dar eficácia a qualquer das consequências de ser 'revel', criando um revel não revel" (Lopes Júnior, 2016).

Em suma, por qualquer lado que se aborde, a revelia e a contumácia são incompatíveis com o processo penal brasileiro. Obrigatoriamente o juiz terá de intimar o defensor de todos os atos do processo e, principalmente, se o réu comparecer no final da instrução, deverá obrigatoriamente ser interrogado (respeitando-se o direito de silêncio, é claro). Constitui uma nulidade absoluta o réu, presente na audiência, não ser interrogado porque anteriormente foi decretada sua "revelia".

Enfim, nenhum dos efeitos da revelia se aplica no processo penal, sendo completamente inadequada a utilização dessa categoria, pois não recepcionada pelo processo no marco constitucional. Na perspectiva do processo penal, não existe revelia. Pode haver processo em situação de ausência do réu, quando o citado ou intimado não comparece. O ato será realizado com a defesa técnica sem qualquer restrição, mas também sem qualquer tipo de punição processual.

Infelizmente, por falta de rigor técnico, é bastante comum a utilização pelos tribunais brasileiros do termo "revelia", quando na verdade estamos diante de mera ausência. (Lopes Júnior, 2016)

Assim, a afirmação de inexistência do termo *revelia* no processo penal não ocorre somente em razão de ser um instituto utilizado no direito processual civil, mas por não comportar fundamentos suficientes para sua existência, e porque os "princípios da verdade processual e do devido processo legal impedem tal presunção, até porque o bem jurídico, na esfera penal, é indisponível" (Rangel, 2020, p. 819). É necessário, portanto, "a autonomia do Processo Penal [...] ser sustentada" (Rosa, 2020, p. 542).

— 2.1.2 —
Citação real

Como vimos anteriormente, o ato citatório é ato fundamental, considerando que permite a informação ao réu sobre a acusação que está sendo realizada, bem como permite ao réu a apresentação de defesa, oportunizando a concretização de direitos fundamentais, bem como a participação dos atos do processo.

A citação pode ser classificada em duas espécies: (1) citação real; e (2) citação ficta. Neste tópico, trataremos sobre a citação real, seus requisitos e suas possibilidades.

Em sua espécie real, a qual constitui a regra no processo penal, "é feita pessoalmente ao réu, na sua própria pessoa" (Rangel, 2019, p. 958), "sendo efetivada por meio de uma das seguintes formas: mandado, cumprido por oficial de justiça, no âmbito da jurisdição do juiz perante o qual responde o acusado o processo criminal; carta precatória; carta rogatória [...]; e, por fim, mediante carta de ordem" (Avena, 2019, p. 121).

A regra da citação real deve ser observada tanto para o réu solto quanto para aquele que estiver preso, pois se trata de uma garantia constitucional, e, independentemente de o acusado estar preso, tem o direito ao exercício do contraditório, conforme disposto no art. 360 do Código de Processo Penal.

Se o réu não for localizado e estiver preso, a citação realizada por edital será nula quando o réu estiver na mesma unidade da federação em que o juiz exerce sua jurisdição (Súmula n. 351 do STF – Supremo Tribunal Federal). É importante a ressalva realizada por Aury Lopes Júnior (2020, p. 593), ao mencionar que:

> Se a citação por edital já é uma frágil ficção, de baixíssima eficácia, completamente absurda era a citação por edital de réu preso. Ora, como admitir que o Estado não tenha controle de seus presos, a ponto de citar por edital quem está em lugar muito certo e sem a menor possibilidade de ocultar-se...?

Sobre a citação do réu preso, duas observações são pertinentes. A primeira, se o réu estiver recluso no território em que o juiz exerce a jurisdição, deve ser citado mediante expedição de mandado de citação, e qualquer indicativo de que o réu não tenha conhecimento da ação penal não justifica a ilegalidade[14]; a segunda, se o réu estiver recluso em território diverso daquele em que o juiz exerce jurisdição, deve ser expedida carta precatória, "sendo que o mandado de citação será expedido por determinação do juízo deprecado" (Avena, 2019, p. 121).

Podemos questionar sobre a hipótese de o réu preso não querer assinar o mandado de citação: seria considerada válida ou inválida tal citação? Se o acusado se recusa a assinar, deve o oficial de Justiça certificar nos autos, sendo a citação considerada plenamente válida. Nessa situação, o réu pode constituir advogado, e, na ausência deste, será nomeado defensor dativo para proceder a defesa.

A citação no Juizado Especial Criminal é sempre pessoal e realizada no próprio juizado, desde que seja possível, ou por mandado, conforme disposto no art. 66 da Lei n. 9.099, de 26 de setembro de 1995 (Brasil, 1995).

---

4   "RECURSO ORDINÁRIO EM HABEAS CORPUS. ROUBO CIRCUNSTANCIADO. DENÚNCIA. AUSÊNCIA DE CITAÇÃO. NULIDADE ABSOLUTA. RECORRENTE QUE JAMAIS FOI CITADO. ATUAÇÃO DA DEFENSORIA PÚBLICA. INAPLICABILIDADE DO ART. 570 DO CÓDIGO DE PROCESSO PENAL. PREJUÍZO EVIDENTE. ANULAÇÃO DO FEITO. PROVIMENTO. 1. A falta de citação é causa de nulidade absoluta, nos termos do art. 564, III, 'e', do Código de Processo Penal. Tal ilegalidade pode ser suprida pelo comparecimento do interessado, a teor do art. 570 do mesmo diploma legal. 2. Hipótese em que o recorrente jamais foi citado, sequer por edital. A despeito disso, a ação penal tramitou, com a atuação da Defensoria Pública. Ao que tudo indica, o recorrente estava preso por ocasião da citação e não foi procurado no presídio, mas apenas em seu endereço residencial. Inaplicabilidade do art. 570 do CPP, haja vista a ausência de comparecimento pessoal ou de constituição de advogado de sua confiança. Violação do princípio do contraditório. 3. Recurso ordinário provido para anular a ação penal com relação ao recorrente, desde a citação, a fim de que tal ato processual seja efetivado." (STJ, RHC 72.639/PI)

Mandado

A citação por mandado, regra da citação real, é aquela entregue direta e pessoalmente ao acusado no processo, sendo cumprida por intermédio de oficial de Justiça.

O mandado de citação, por se tratar "de determinação judicial da prática de determinado ato processual" (Pacelli; Fischer, 2019, p. 896), deve, obrigatoriamente, observar todos os requisitos, intrínsecos e extrínsecos, de cumprimento, a fim de possibilitar o exercício do contraditório e da ampla defesa, que somente ocorre a partir do conhecimento de todas as informações constantes no processo, tanto no que se refere à forma quanto ao conteúdo.

Os **requisitos intrínsecos** estão previstos no art. 352 do Código de Processo Penal, dispondo que devem constar no mandado de citação:

> I – o nome do juiz;
>
> II – o nome do querelante nas ações iniciadas por queixa;
>
> III – o nome do réu, ou, se for desconhecido, os seus sinais característicos;
>
> IV – a residência do réu, se for conhecida;
>
> V – o fim para que é feita a citação;
>
> VI – o juízo e o lugar, o dia e a hora em que o réu deverá comparecer;
>
> VII – a subscrição do escrivão e a rubrica do juiz.

Algumas observações são necessárias quanto aos requisitos apresentados. No que diz respeito ao nome do réu, é possível, se for o caso, constar seus sinais característicos. Nesse caso, o art. 41 do Código de Processo Penal possibilita que a denúncia ou a queixa qualifiquem o acusado por meio de elementos que permitam identificá-lo, sendo certo que, na forma do que dispõe o art. 259 do Código de Processo Penal, "a impossibilidade de identificação do acusado com o seu verdadeiro nome ou outros qualificativos não retardará a ação penal, quando certa a identidade física".

A segunda observação refere-se ao trecho que dispõe "o fim para que é feita a citação" e "o dia e a hora" para comparecimento do réu em juízo. Sobre isso, esclarecemos que, antes da redação dada pela Lei n. 11.719/2008, a citação tinha por finalidade o primeiro ato do processo, que era para comparecimento do réu em seu interrogatório. Contudo, após a vigência dessa lei, o ato do interrogatório passou a ser o último ato da audiência de instrução e julgamento, a fim de possibilitar o exercício do contraditório e da ampla defesa. Assim, o acusado "não é mais chamado ao processo para comparecimento em juízo, mas para apresentar a sua resposta escrita (art. 396, CPP)" (Pacelli, 2019, p. 809).

Por fim, sendo a citação pessoal, parte-se do "princípio (daí, pensar-se em regra geral) que o acusado residiria no local em que se processa a ação penal", ante a regra do art. 70 do Código de Processo Penal, ou seja, pela competência pelo lugar da infração (Pacelli, 2019, p. 808).

Já por **requisitos extrínsecos** podemos entender que são aqueles "que se encontram fora do mandado" (Pacelli, 2018, p. 623), em que se identifica o cumprimento do art. 357 do Código de Processo Penal: leitura do mandado ao citando pelo oficial e entrega da contrafé[15], na qual serão indicados dia e hora da citação; e declaração do oficial, na certidão, da entrega da contrafé, bem como sua aceitação ou recusa.

Para o cumprimento do mandado pelo oficial de Justiça, a citação é "efetivada sem restrição de data e horário, garantindo a inviolabilidade do domicílio" (Rosa, 2019, p. 574).

A ausência e até mesmo o equívoco de qualquer um dos requisitos da citação conduzem à nulidade da citação, na forma do art. 564, inciso III, alínea "e", do Código de Processo Penal.

Carta precatória

A citação por carta precatória também se trata de citação real, uma vez que "será cumprida através de oficial de justiça que comunicará pessoalmente ao réu da imputação e do prazo para apresentar defesa escrita" (Lopes Júnior, 2018, p. 548). Entretanto, a existência da carta precatória se verifica "quando o acusado residir fora do território em que o juiz exerce a jurisdição"[16] (Pacelli, 2018, p. 623), do mesmo modo dispõe o art. 353 do Código de Processo Penal. De acordo com Pacelli e Fischer (2019,

---

5   Cópia da peça da pretensão acusatória.

6   "Se o réu residir em local que não esteja sob a jurisdição do juiz da causa (e do processo), a sua citação será feita por meio de carta precatória, a ser expedida na sede do juízo e encaminhada à comarca ou à Seção Judiciária (na Justiça Federal) sob cuja jurisdição ele (acusado) se encontrar" (Pacelli; Fischer, 2019, p. 898).

p. 898), "Se o réu residir em local que não esteja sob a jurisdição do juiz da causa (e do processo), a sua citação será feita por meio de carta precatória, a ser expedida na sede do juízo e encaminhada à comarca ou à Seção Judiciária (na Justiça Federal) sob cuja jurisdição ele (acusado) se encontrar".

Constitui a carta precatória um pedido (deprecação) do juiz, onde tramita o processo, para a realização por outro juiz, de comarca diferente, da "prática de determinado ato processual" (Pacelli; Fischer, 2019, p. 898). O juiz que determina a expedição da carta é chamado de *juiz deprecante*, e aquele que recebe a solicitação para realização do ato é chamado de *juiz deprecado*.

Para que seja efetivada a carta precatória, é necessário o cumprimento dos requisitos previstos no art. 352 e no art. 354 do Código de Processo Penal:

> Art. 354. A precatória indicará:
>
> I – o juiz deprecado e o juiz deprecante;
>
> II – a sede da jurisdição de um e de outro;
>
> III – o fim para que é feita a citação, com todas as especificações;
>
> IV – o juízo do lugar, o dia e a hora em que o réu deverá comparecer.

Devemos notar que a realização da citação por carta precatória não dispensa a entrega de cópia da peça acusatória ao acusado, o qual deve ter plena ciência do que trata a acusação e ter acesso imediato a todas as informações referentes ao processo. Há a necessidade, inclusive, que constem as informações das diligências efetuadas pelo oficial de justiça (Pacelli; Fischer, 2019).

Com relação aos dois últimos requisitos (o fim para que é feita a citação, com todas as especificações; e o juízo do lugar, o dia e a hora em que o réu deverá comparecer), reiteramos lembrete feito sobre a citação: mesmo sendo por carta precatória, a citação tem a finalidade de informar sobre a existência de uma pretensão acusatória formulada contra o réu e conceder o prazo para a apresentação de resposta à acusação.

Sobre os dispositivos do Código de Processo Penal, deve sempre ser realizada uma leitura de acordo com a época em que se vive, haja vista a evolução tecnológica. A observação é relevante, uma vez que o art. 356 do referido código dispõe que, em casos de urgência, a precatória pode ser expedida "por via telegráfica, depois de reconhecida a firma do juiz". Nesse caso, para uma adaptação do dispositivo, basta que seja indicado que "é possível o encaminhamento da precatória por meio eletrônico, situação em que a assinatura do juiz deverá ser eletrônica" (Marcão, 2020, p. 923).

É preciso, ainda, atentar ao fato de que há a possibilidade de realização da citação por mandado mesmo fora dos limites da jurisdição, não sendo necessária carta precatória, quando se tratar de comarcas contíguas:

> como ocorre com as regiões metropolitanas, onde duas ou mais podem ser visualizadas e transitadas sem solução de

continuidade em seus limites urbanos [...], constituindo verdadeira exceção à regra que determina a citação por precatória quando o acusado estiver sob outra jurisdição, diversa do juízo processante. (Marcão, 2020, p. 923)

Por fim, cabe a ressalva de que a carta precatória não tem a finalidade exclusiva de citação, podendo ser destinada a cumprir "outros atos processuais que tenham que se realizar fora da sede do juiz do processo" (Pacelli, 2019, p. 810), inclusive, não só para o réu, mas também para testemunhas que, porventura, residam em comarca diferente da que tramita o processo.

Carta precatória itinerante

Forma peculiar existente no processo penal, a carta precatória itinerante é utilizada "quando o acusado não for encontrado no endereço fornecido na carta precatória, e o oficial de justiça executor do mandado obtiver informações acerca do novo endereço, deve ele para lá se dirigir para o cumprimento da ordem de citação" (Pacelli, 2019, p. 810), desde que haja tempo para fazer-se a citação, conforme disposto no art. 355, parágrafo 1º, do Código de Processo Penal.

O que pode ocorrer é que o oficial de Justiça, ao tentar realizar a citação do réu, "tome ciência de que o acusado não se encontra naquela localidade, mas sim em outra, correspondente à jurisdição de juiz distinto, certificando o provável endereço" e diante da necessidade de "economia processual, em vez de restituir a precatória ao **juiz deprecante** para que outra seja expedida ao novo endereço, caberá ao próprio **juiz deprecado** enviá-la àquele local" (Avena, 2019, p. 139).

> nada mais é do que a possibilidade de uma precatória expedida em Porto Alegre, para ser cumprida em Curitiba, por exemplo, seja redirecionada para Londrina, onde está o réu. Isso porque, recebendo a carta precatória, o juiz de Curitiba verifica – pela certidão do oficial de justiça, por exemplo – que o réu se mudou para Londrina. (Lopes Júnior, 2020, p. 590)

O uso da referida carta serve "para evitar a inútil burocracia de devolver" ao juízo deprecante "a carta precatória sem cumprimento por estar o réu" em outra localidade, motivo pelo qual o juízo deprecado envia a carta para cumprimento no atual endereço do réu, evitando-se "o inútil retorno à origem para nova emissão" (Lopes Júnior, 2020, p. 590).

Vale salientar que, ao final do art. 355, parágrafo 1º, do Código de Processo Penal, consta que a carta precatória itinerante de ser realizada "desde que haja tempo para fazer-se a citação". Aqui, novamente ressaltamos que a citação não tem mais por finalidade o comparecimento do réu ao seu interrogatório, não sendo necessária a preocupação com o tempo da realização da diligência, uma vez que o réu está sendo citado para apresentação de resposta à acusação.

Carta rogatória

A carta rogatória constitui-se na "solicitação, aqui, de um juízo nacional para outro, fora da Federação, daí constituir ato de cooperação internacional" (Marcão, 2020, p. 924). A citação por intermédio da mencionada carta ocorre quando o acusado estiver no estrangeiro, em lugar sabido, ou seja, que se tenha conhecimento do endereço para citação, conforme menção do art. 368 do Código de Processo Penal.

> Se a citação houver de ser feita no estrangeiro ou mesmo no Brasil, nas sedes de Consulados e Embaixadas, considerados territórios estrangeiros, por extensão, ou, quando nada, espaços garantidos pela inviolabilidade abrigada na Convenção de Viena, terá que ser expedida Carta Rogatória, via da qual, por meio do Ministro da Justiça, se roga à jurisdição estrangeira (exceto em relação às embaixadas e consulados) a realização do ato processual. (Pacelli; Fischer, 2019, p. 926)

É necessário, contudo, que se tenha conhecimento do endereço de residência do réu, uma vez que, caso não haja a informação, deve ser realizada a citação por edital, já que o réu se encontra em local incerto e não sabido.

Diante da impossibilidade de atribuição de responsabilidade às autoridades estrangeiras que realizem o referido ato, ou até mesmo em razão da possibilidade de demora em sua realização, deve ser suspenso o prazo de prescrição até o cumprimento da carta rogatória (Pacelli; Fischer, 2019).

Ainda, dispõe o art. 369 do Código de Processo Penal que as citações que tiverem de ser realizadas em legações estrangeiras – "embora situadas no território nacional, na estrutura do

Código são tratadas como pertencentes a outro país" (Choukr, 2014, p. 722) – serão efetuadas mediante carta rogatória.

Assim, "também nas embaixadas e consulados a citação se fará pela via diplomática, devendo a carta rogatória ser encaminhada ao Ministro da Justiça, que adotará as medidas necessárias ao seu cumprimento" (Pacelli, 2019, p. 838). No entanto, não há previsão de suspensão de prazo de prescrição na legislação.

Carta de ordem

A carta de ordem é semelhante à carta precatória, mas aqui se refere à "determinação, por parte de tribunal, superior ou não, de cumprimento de ato ou de diligência processual a serem realizados por órgãos da jurisdição da instância inferior, no curso de procedimento da competência originária daqueles" (Pacelli, 2018, p. 630), por se tratar de órgão superior remetendo para cumprimento de órgão inferior, constituindo verdadeira ordem.

— 2.1.3 —
Citação ficta

Como mencionamos em tópico anterior, a citação pode ser real, sendo as modalidades apresentadas por mandado, carta precatória, carta rogatória ou carta de ordem, ou citação ficta, que se divide em: (1) citação por hora certa; (2) edital. Analisaremos esses dois tipos de citação ficta nos tópicos seguintes.

Hora certa

A citação por hora certa é chamada de *citação ficta* ou *presumida*, e deve ser realizada, conforme determina o art. 362 do Código de Processo Penal, sempre que o réu se ocultar para não ser citado. Foi introduzida no atual código pela Lei n. 11.719/2008, visando "impedir manobras abusivas e maliciosas daqueles que, por razões de seu interesse, não queiram ser encontrados no curso do processo contra si instaurado" (Pacelli, 2019, p. 823).

Destacamos que, para que ocorra a citação por hora certa, deve o oficial de Justiça certificar-se de que o réu se oculta para não receber a citação, caso contrário, a citação não pode ser efetivada, adiando a realização do ato.

Para tanto, o oficial precisa "dirigir-se por – no mínimo – duas vezes ao domicílio do réu, é importante que o oficial de justiça realize essas diligências em horários diferentes" (Lopes Júnior, 2018, p. 549), a fim de ter a certeza, por exemplo, de que aquele horário não é o horário de trabalho do réu, em que pese não haver qualquer determinação nesse sentido prevista na legislação (Pacelli; Fischer, 2019).

Na referida hipótese de citação, deve o oficial de Justiça certificar nos autos a ocorrência, demonstrando os dias, os horários e a motivação de suspeita de ocultação por parte do acusado, bem como o nome da pessoa que realizou a citação, para que o juiz possa realizar o controle de legalidade do ato. Lopes Júnior

(2020a, p. 549) trata da responsabilidade que se atribui ao oficial de Justiça e da necessidade de repetição do ato em caso de dúvida sobre sua ocorrência:

> É uma imensa responsabilidade que se deposita nas mãos de um oficial de justiça e que deve ser estritamente controlada pelo juiz, eis que se presta a todo tipo de manobra fraudulenta ou mesmo para prejudicar o réu. Deverá ter o juiz extrema cautela em aceitar uma certidão com esse conteúdo, sendo aconselhável a repetição do ato e, se houver alguma suspeita sobre a veracidade do conteúdo, substituir o servidor. Não sem razão, a jurisprudência construída em torno da citação por hora certa no processo civil aponta para a relativização da fé pública do oficial de justiça, na medida em que cede diante de prova em contrário. Com muito mais razão no processo penal, diante dos valores em jogo.

Há de se ressaltar que o STF, quando do julgamento do RE 635145/RS, em 2016, com repercussão geral, afirmou a constitucionalidade da referida modalidade sob o fundamento de que a realização da citação por hora certa não compromete a autodefesa, evidenciando a opção do réu de não se defender pessoalmente em juízo e ressaltando, ainda, a impossibilidade de qualquer imposição nesse sentido, pois o ato de comparecimento à instrução processual é uma faculdade do réu, e não um ônus.

Foi reconhecido no julgamento que o ato de o réu se esconder para não ser citado pessoalmente constitui uma forma de autodefesa. Entretanto, não se pode impedir o andamento do processo penal, uma vez que, se assim fosse possível, haveria uma concessão de "verdadeiro direito potestativo sobre o curso da ação penal, ignorando a indisponibilidade inerente [...]. Cumpre compatibilizar a garantia do acusado à autodefesa com o caráter público e indisponível do processo-crime" (STF, RE 635145/RS).

Sendo realizada a citação por hora certa, o oficial de Justiça fará a entrega da "contrafé do mandado à pessoa (da família ou vizinho) intimada, certificando todos os assentamentos (registros) necessários à regularidade da diligência, e, especialmente, o nome da pessoa, o dia e horário da citação" (Pacelli; Fischer, 2019, p. 912).

A partir disso, pode o réu comparecer ao processo, tendo constituído advogado para apresentação de defesa, ou pode o réu não comparecer no processo, deixando transcorrer o prazo para apresentação de resposta à acusação, ocasião na qual lhe será nomeado defensor dativo, na forma do parágrafo único do art. 362 do Código de Processo Penal.

O cuidado relativo à citação por hora certa é o risco da ausência da informação[17] do acusado, o que impede que ele exerça, efetivamente, o direito constitucional ao contraditório.

Por isso, é relevante que a situação possa ser devidamente comprovada e certificada pelo oficial de Justiça, o que se mostra plenamente possível pelas inúmeras possibilidades tecnológicas existentes, bem como a partir de "informações obtidas no local, seja por parentes, moradores no endereço, seja pelos vizinhos mais próximos, desde que idôneos, aparentemente, os respectivos conteúdos (das informações)" (Pacelli; Fischer, 2019, p. 920).

Qualquer afronta aos requisitos formais da referida modalidade de citação conduz à nulidade absoluta do processo.

---

7 "RECURSO ORDINÁRIO EM HABEAS CORPUS. ASSOCIAÇÃO CRIMINOSA. TRANCAMENTO DA AÇÃO PENAL. INÉPCIA DA DENÚNCIA. FALTA DE JUSTA CAUSA E DE INDIVIDUALIZAÇÃO DAS CONDUTAS. INSUFICIÊNCIA PROBATÓRIA. NECESSIDADE DE REEXAME DE FATOS E PROVAS. CITAÇÃO POR HORA CERTA. OCULTAÇÃO. NOTIFICAÇÃO ENTREGUE AO PORTEIRO. POSSIBILIDADE. DEFICIÊNCIA DA DEFESA TÉCNICA NÃO VERIFICADA. SÚMULA 523/STF. RECURSO IMPROVIDO. 1. [...] 4. A partir da análise dos elementos colacionados aos autos que o Tribunal de origem constatou a regularidade do ato citatório por hora certa, visto que, por diversas vezes, o oficial de justiça teria comparecido ao endereço constante dos autos para citação do recorrente e este não se encontrava presente, havendo fundada suspeita de ocultação. 5. Segundo a legislação penal em vigor, é imprescindível, quando se trata de alegação de nulidade de ato processual, a demonstração do prejuízo sofrido, em consonância com o princípio pas de nullité sans grief, consagrado pelo legislador no art. 563 do Código de Processo Penal, o que, na hipótese, não ficou demonstrado. 6. Não há como ser reconhecida a nulidade decorrente do fato de a comunicação ter sido feita ao porteiro do edifício, uma vez que, o simples fato de ele não figurar no rol do art. 253, § 2º, do Código de Processo Civil, não o descredencia a receber a intimação, desde que ele comunique ao réu a citação por hora certa. 7. E, segundo o enunciado sumular n. 523 do STF, no processo penal, a falta de defesa constitui nulidade absoluta, mas a sua deficiência só o anulará se houver prova de prejuízo para o réu. 8. Na hipótese, o recorrente contou com a assistência de defesa técnica, que atuou em seu favor. Além disso, as teses defensivas supostamente não apresentadas foram trazidas pelos corréus e apreciadas pelo magistrado singular, não havendo que se falar em prejuízo para o exercício da ampla defesa ou do contraditório. 9. Recurso ordinário em habeas corpus improvido." (STJ, RHC 107.985/PR)

Edital

Outra modalidade de citação ficta é por edital, e será assim realizada quando o acusado não for encontrado (art. 363, § 1º, do Código de Processo Penal), seja em razão do esgotamento de diligências, seja por estar no estrangeiro em local não conhecido. Nessa modalidade citatória, "há que se ter presente um princípio básico: trata-se de uma ficção jurídica, com baixíssimo nível de eficácia e que deve ser a última *ratio* do sistema" (Lopes Júnior, 2020a, p. 593).

Durante as investigações preliminares, a autoridade policial geralmente localiza o investigado, até mesmo para a formalização do inquérito policial e oitiva já em fase preliminar. Entretanto, pode ocorrer de o suspeito não ser localizado na fase pré-processual ou, mesmo que seja localizado, posteriormente passe a residir em outra localidade e essa informação não seja comunicada.

Assim, restando infrutífera a busca pelo acusado nos endereços disponíveis, a legislação dispôs sobre a possibilidade de citação por edital, com o objetivo de não deixar paralisado o processo aguardando de forma voluntária o comparecimento do acusado, ou seja, a fim de dar seguimento à persecução penal (STJ, HC 224.343/MS).

Essa modalidade de citação deve ser utilizada quando houver o esgotamento de todas as diligências e recursos necessários para localizar o endereço do réu[18]. Contudo, a regra não é absoluta, haja vista que o Superior Tribunal de Justiça (STJ) já se manifestou acerca da desnecessidade de esgotamento de todos os meios para a citação pessoal quando o acusado não é encontrado e não comunicou a alteração de endereço perante o Juízo que tramitava o processo (STJ, RHC 61.248/GO).

Com vistas a permitir a realização da referida citação, inicialmente, no oferecimento da denúncia ou na apresentação da queixa-crime, deve ser utilizado o endereço do réu e, durante a diligência, verificando que o réu não mais reside no local indicado, isso deve ser certificado nos autos e diligenciados outros endereços em que possa residir o réu, com a utilização de sistemas do

---

[8] "HABEAS CORPUS. MAUS TRATOS. CRIME DE MENOR POTENCIAL OFENSIVO. CITAÇÃO PESSOAL INFRUTÍFERA. DECLÍNIO DE COMPETÊNCIA PARA A VARA CRIMINAL. CHAMAMENTO FICTO. NÃO ESGOTAMENTO DOS MEIOS DISPONÍVEIS PARA LOCALIZAÇÃO DOS ACUSADOS. CONSTRANGIMENTO ILEGAL CONFIGURADO. ORDEM CONCEDIDA. 1. A citação por edital somente deve ser efetuada quando esgotados todos os meios disponíveis para se encontrar pessoalmente o réu. 2. O tema ganha relevo quando se trata de crime de menor potencial ofensivo, mormente porque o rito sumaríssimo não comporta a chamada citação ficta, a qual, afigurando-se necessária, importa na declinação da competência do Juizado Especial Criminal para a Justiça comum, nos termos do parágrafo único do art. 66 da Lei n. 9.099/95. 3. Tal circunstância, por representar alteração de competência absoluta, prevista no artigo 98, inciso I, da Constituição Federal, evidencia que a determinação da aludida modificação deve ser precedida do esgotamento dos meios disponíveis para a localização do acusado, sob pena de malferimento ao princípio do juiz natural, também de índole constitucional (art. 5º, inciso LIII, da CF/88). 4. Embora o mandado citatório tenha sido direcionado para dois possíveis endereços dos pacientes, apenas um foi alvo da diligência infrutífera do meirinho, sendo certo que, depois de declinada a competência absoluta, a citação pessoal foi efetivada no endereço remanescente. 5. Ordem concedida para anular a ação penal deflagrada em desfavor dos pacientes perante a Vara Criminal da comarca de Rio Brilhante/MS, desde o recebimento da denúncia, inclusive." (STJ, HC 224.343/MS)

Banco Central, do Departamento Estadual de Trânsito (Detran), da Justiça Eleitoral e até mesmo junto às empresas de telefonia.

Assim, esgotadas as diligências para a ocorrência da citação do réu, este será citado por edital com prazo de comparecimento estipulado em 15 dias (art. 361 do Código de Processo Penal). Conforme dispõe o art. 365 do Código de Processo Penal, o edital deve conter:

> Art. 365. O edital de citação indicará:
>
> I – o nome do juiz que a determinar;
>
> II – o nome do réu, ou, se não for conhecido, os seus sinais característicos, bem como sua residência e profissão, se constarem do processo;
>
> III – o fim para que é feita a citação;
>
> IV – o juízo e o dia, a hora e o lugar em que o réu deverá comparecer;
>
> V – o prazo, que será contado do dia da publicação do edital na imprensa, se houver, ou da sua afixação.
>
> Parágrafo único. O edital será afixado à porta do edifício onde funcionar o juízo e será publicado pela imprensa, onde houver, devendo a afixação ser certificada pelo oficial que a tiver feito e a publicação provada por exemplar do jornal ou certidão do escrivão, da qual conste a página do jornal com a data da publicação.

Não há qualquer dúvida de que:

> a ausência desses requisitos formais conduz a grave defeito processual, ou, na classificação tradicional, a uma nulidade absoluta do processo, sendo errônea a exigência de demonstração de prejuízo. Trata-se de prejuízo presumido ou manifesto, que não precisa ser demonstrado pelo réu. (Lopes Júnior, 2020, p. 595)

Após o prazo do edital, pode o réu comparecer aos autos tendo constituído advogado ou não. Na primeira hipótese, o processo segue seu regular trâmite; já na segunda hipótese, se o réu mencionar, por exemplo, a hipossuficiência, será nomeado defensor dativo para apresentação de defesa.

Entretanto, "na maioria dos casos, a citação por edital não produz qualquer resultado, deixando o réu de atender seu comando e de constituir defensor para patrocinar seus interesses" (Avena, 2019, p. 127), devendo ocorrer a aplicação do disposto no art. 366[19] do Código de Processo Penal.

Obviamente, "a expressão não comparecimento prevista nos arts. 366 e 367 deve ser lida à luz das reformas levadas a cabo pela Lei n. 11.719/2008" (Lopes Júnior, 2020a, p. 598).

A aplicação do art. 366 do Código de Processo Penal determina que ocorra, nos casos de citação por edital sem comparecimento ou constituição de advogado, a suspensão do processo, com a suspensão do prazo prescricional, "podendo o juiz determinar a produção antecipada das provas consideradas urgentes e, se for o caso, decretar prisão preventiva, nos termos do disposto no art. 312".

---

9 "PENAL E PROCESSO PENAL. HABEAS CORPUS. IMPETRAÇÃO SUBSTITUTIVA DO RECURSO PRÓPRIO. NÃO CABIMENTO. HOMICÍDIO. ACUSADO CITADO POR EDITAL. ADVOGADO REGULARMENTE CONSTITUÍDO NOS AUTOS. RENÚNCIA DOS PODERES 3 (TRÊS) MESES APÓS O RECEBIMENTO DA DENÚNCIA. SUSPENSÃO DO PROCESSO E DO PRAZO PRESCRICIONAL. INAPLICABILIDADE DO ART. 366 DO CPP. NOMEAÇÃO DA DEFENSORIA PÚBLICA PARA PATROCINAR A DEFESA DO ACUSADO. IMPOSSIBILIDADE DE INTIMAÇÃO PESSOAL DO ACUSADO PARA CONSTITUIR NOVO DEFENSOR. AUSÊNCIA DE ILEGALIDADE.1. A Primeira Turma do Supremo Tribunal Federal e as Turmas que compõem a Terceira Seção do Superior Tribunal de Justiça, diante da utilização crescente e sucessiva do habeas corpus, passaram a restringir a sua admissibilidade quando o ato ilegal for passível de impugnação pela via recursal própria, sem olvidar a possibilidade de concessão da ordem, de ofício, nos casos de flagrante ilegalidade. 2. A teor do art. 366 do CPP, a suspensão do processo penal e do prazo prescricional, somente é possível quando o acusado, após citado por edital, não comparece e não constitui advogado nos autos. 3. No caso, embora o paciente tenha sido citado por edital, constituiu, desde a fase inquisitorial, advogado nos autos com amplos poderes, o que demonstra que conhecia da imputação contra ele dirigida. 4. A renúncia do advogado deu-se 3 (três) meses após o recebimento da denúncia, inexistindo ilegalidade na decisão do Juízo de primeiro grau que determinou o prosseguimento do feito com a nomeação da Defensoria Pública para patrocinar a defesa do acusado, uma vez que não seria possível intimá-lo pessoalmente para constituir defensor de sua confiança, tendo em vista encontrar-se em lugar incerto e não sabido. 5. Habeas corpus não conhecido." (STJ, HC 338.540/SP)

No que se refere à suspensão do processo e do prazo prescricional, há o indicativo, por adoção do sistema binário, de que assim o processo permaneça até que o réu possa ser encontrado. Contudo, a ausência de uma limitação temporal para a suspensão da prescrição traz a possibilidade de criação de uma nova categoria de crimes imprescritíveis, porém sem que seja observado o procedimento previsto para a referida inclusão, havendo um verdadeiro obstáculo constitucional, conforme pontua Lopes Júnior (2020a, p. 599):

> Também não podemos aceitar que o legislador ordinário crie crimes imprescritíveis diante da taxatividade constitucional. Não houve uma delegação da Constituição para que lei ordinária determinasse quais crimes seriam imprescritíveis (como ocorreu, noutra dimensão, em relação aos crimes hediondos), senão o claro estabelecimento de um rol. Considerando a gravidade da medida no que tange à limitação de direitos fundamentais, inviável tal abertura.

Ademais, há a necessidade de se garantir ao acusado a duração ao prazo razoável sem que seja postergado, haja vista que "o poder punitivo estatal também está condicionado no tempo, seja pela prescrição, seja pela duração razoável do processo" (Lopes Júnior, 2020a, p. 601).

Ainda segundo Lopes Júnior (2020a), haveria impedimentos de ordem processual para essa suspensão até o comparecimento do réu, o que se reflete na impossibilidade de realização do conjunto probatório se tiver decorrido muito tempo:

> Enquanto estivermos voltados para o passado, desengavetando processos velhos, produzindo provas frágeis (pois o tempo as enfraquece) e gerando penas inúteis, não teremos tempo de nos ocupar do presente. Ocupados que estamos com o velho, permitimos que o novo também fique velho, aumentando a dilação indevida dos casos penais. Eis porque a demora gera ainda mais demora. Dessarte, cria-se uma situação absurda e insustentável: como reabrir um processo 30 ou 40 anos depois do fato? Criará o Poder Judiciário bunker's climatizados para armazenamento dos autos? E a prova, como será conservada? E a prova testemunhal – que ainda é o principal meio probatório no sistema brasileiro –, como será "conservada"? Ou sempre se lançará mão da produção antecipada de provas, desvirtuando o instituto (que é um ilustre desconhecido do CPP; basta ver a imensa lacuna legislativa) e ferindo de morte o contraditório e o direito de defesa? (Lopes Júnior, 2020a, p. 601)

O último argumento trazido pelo autor se refere à incompatibilidade de legitimação e aplicação da sanção penal muito tempo depois do fato, não cumprindo, de certa forma, com as funções da pena. E diante dos três pontos que criariam obstáculos à suspensão do processo por tempo indeterminado, haveria a necessidade de um prazo determinado, razão pela qual o STJ editou a Súmula n. 415, determinando que o prazo de suspensão é regulado pelo máximo da pena aplicada, pelo que se deve buscar o art. 109 do Código Penal, Lei n. 2.848, de 7 de dezembro de 1940 (Brasil, 1940), para a compreensão do prazo máximo de suspensão do prazo prescricional (Lopes Júnior, 2020a).

No que diz respeito aos processos em trâmite no Juizado Especial Criminal, ressaltamos que o procedimento sumaríssimo não comporta a modalidade de citação por edital. Portanto, quando não encontrado o acusado para ser citado, deve o juiz encaminhar as peças existentes para a Justiça Comum, conforme prevê o art. 66, parágrafo único, da Lei n. 9.099/1995.

Por fim, destacamos que, para remessa à Vara Criminal, deve ocorrer o esgotamento de todas as diligências para encontrar o endereço do acusado, ante a alteração de competência absoluta, sob pena de afrontar contra o princípio do juiz natural (STJ, HC 224.343/MS).

— 2.2 —

Outras formas de comunicação dos atos processuais

Como vimos anteriormente, o processo segue à medida que os atos processuais vão sendo praticados, devendo ser dada ciência às partes, em especial ao acusado, "com a finalidade de dar andamento e propiciar a efetiva participação, em contraditório, do regulador andamento processual" (Rosa, 2019, p. 575), o que é possibilitado por meio da intimação e da notificação.

— 2.2.1 —
Notificação

Quando se trata da comunicação dos atos processuais (intimações e notificações), ao analisar "o nosso CPP, passa a ser repetitiva a crítica de falta de sistematização, confusão de critérios e pouco rigor técnico" (Lopes Júnior, 2018, p. 564), visto que, muitas vezes, chega-se à unificação dos conceitos, porém se trata de conceitos e de objetivos diferentes.

A notificação tem por finalidade a "comunicação da existência de uma acusação, gerando a chance (no léxico goldschmidtiano) de oferecimento de uma defesa prévia ao recebimento da denúncia" (Lopes Júnior, 2018, p. 564), ou seja, "é o ato de dar ciência antes da instauração da ação penal, bem assim em cautelares. Comunica decisões judiciais, em geral, convocando ao contraditório preliminar" (Rosa, 2019, p. 575).

Um exemplo de notificação é a prevista no art. 514 do Código de Processo Penal, em que, no procedimento dos crimes de responsabilidade praticados por funcionários públicos, o juiz manda autuar a denúncia ou a queixa e, antes mesmo de qualquer ato, ordena a notificação do acusado para responder, por escrito, no prazo de 15 dias.

Aqui cabe a ressalva de que não se trata da resposta à acusação após a citação, mas de uma defesa prévia a ser formulada pelo funcionário público acusado, com a finalidade de rejeitar a peça acusatória.

Outro exemplo que podemos destacar sobre a realização do ato de notificação é o art. 55 da Lei n. 11.343, de 23 de agosto de 2006 (Brasil, 2006c), o qual dispõe que, após o Ministério Público oferecer a denúncia, o juiz notificará o acusado para oferecer, por escrito, no prazo de 10 dias, a chamada *defesa prévia* (Rangel, 2020).

Assim, a *notificação* pode ser conceituada como o ato de cientificar os sujeitos processuais a fim de que possam perpetrar alguma conduta (Bonfim, 2019).

— 2.2.2 —
Intimação

A *intimação* pode ser conceituada como "a modalidade pela qual o Estado-Juiz dá ciência de algum ato processual, com a finalidade de dar andamento e propiciar a efetiva participação" (Rosa, 2019, p. 575), sendo realizada "ao acusado, testemunha ou pessoas que devam tomar conhecimento do ato, como peritos, intérpretes e demais auxiliares da justiça" (Lopes Júnior, 2018, p. 565).

A intimação de testemunhas, peritos e intérpretes deve ser realizada na forma pessoal. Por outro lado, no que se refere aos defensores, o Código de Processo Penal realiza algumas distinções para a realização do ato.

O defensor constituído será intimado por meio de "publicação no órgão incumbido da publicidade dos atos judiciais da comarca", e, não havendo órgão de publicação dos atos judiciais em determinada comarca, é possível a intimação por meio de mandado ou via postal com comprovante de recebimento, ou por qualquer outro meio idôneo (art. 370 do Código de Processo Penal).

No caso de ser defensor nomeado, que se divide em defensor público ou defensor dativo, a intimação é diferente para cada um deles. O defensor público deve ser intimado pessoalmente, do mesmo modo que o Ministério Público (art. 370, parágrafo 4º, do Código de Processo Penal). Entretanto, com relação ao defensor dativo "ou por entidade de assistência jurídica gratuita (os 'serviços de assistência judiciária' [...]) predomina o entendimento de que não se aplica essa regra, e a intimação poderá ser feita através do diário da justiça" (Lopes Júnior, 2018, p. 565).

Em razão da informatização do processo judicial e com a consequente entrada em vigor da Lei n. 10.792, de 19 de dezembro de 2006 (Brasil, 2006a), passou-se a admitir o uso de meio eletrônico na tramitação de processos judiciais, comunicação de atos processuais e cumprimento destes. Para os fins da referida lei, *meio eletrônico* é qualquer forma de armazenamento ou tráfego de documentos e arquivos digitais por meio de transmissão eletrônica com a utilização de redes de comunicação – preferencialmente, a rede mundial de computadores, podendo os arquivos ser assinados eletronicamente.

Assim, com o processo eletrônico, torna-se mais fácil a comunicação dos atos, bem como o peticionamento para fins de cumprimentos das ordens judiciais.

— 2.3 —
Contagem dos prazos processuais

O iter procedimental é realizado a partir do desenvolvimento de atos realizados pelas partes, tendo como propósito alcançar a sentença penal, fase em que se esgota o processo de conhecimento e é finalizada a atuação jurisdicional. Os prazos processuais têm relação direta com o andamento do processo, já que regulam o espaço de tempo que foi determinado pelo juiz ou pela força da legislação para que as partes realizem suas manifestações (Pacelli, 2020).

O cômputo dos prazos processuais penais ocorre de forma estipulada pelo art. 798 do Código de Processo Penal, afastando qualquer aplicação do Código de Processo Civil, haja vista a "existência de norma específica sobre o tema, afasta-se, com fundamento no disposto no art. 4º da Lei de Introdução às Normas do Direito Brasileiro (Lei n. 4.657/1942), a aplicação do *caput* do art. 219 do Código de Processo Civil [...]" (STF, ARE 1191758 AgR-AgR).

O art. 798 do Código de Processo Penal dispõe que todos os prazos são contínuos e peremptórios, ou seja, não se interrompem em férias – "inclusive pela natureza do bem tutelado pelo Direito Penal, como a liberdade de ir e ir, previsão não repetida pelo Código de Processo Civil" (Brasil, 2016a) –, domingo ou dia de feriado, ou seja, uma vez iniciados os prazos, estes não serão interrompidos.

Conforme dispõe o art. 798 do Decreto-Lei n. 3.689/1941, com relação aos prazos:

> § 5º Salvo os casos expressos, os prazos correrão:
>
> a) da intimação;
>
> b) da audiência ou sessão em que for proferida a decisão, se a ela estiver presente a parte;
>
> c) do dia em que a parte manifestar nos autos ciência inequívoca da sentença ou despacho.

Salientamos que, nessa conta, não se considera o dia da intimação, o qual é excluído, e o prazo começa a correr no dia seguinte, se útil. Além disso, o prazo que finalizar em domingo ou dia de feriado será prorrogado até o dia útil imediato, conforme art. 798, parágrafo 3º, do Código de Processo Penal.

Outro aspecto importante, conforme dispõe a Súmula n. 710 do STF, é que "no processo penal, contam-se os prazos da data da intimação, e não da juntada aos autos do mandado ou da carta precatória ou de ordem", nem da juntada aos autos do mandado de intimação, como é o caso do processo civil.

Por sua vez, a Lei n. 13.363, de 25 de novembro de 2016 (Brasil, 2016b) estipulou direitos e garantias para a advogada gestante e para o advogado que se tornar pai, seja pelo parto, seja pela adoção, quando forem os únicos responsáveis pelo processo (caso contrário, não será concedida a suspensão). Assim, concede-se prazo de suspensão, para a mulher, de 30 dias, e, para o homem, de 8 dias, "contado a partir da data do parto ou da concessão da adoção, mediante apresentação de certidão de nascimento ou documento similar que comprove a realização do parto, ou de termo judicial que tenha concedido a adoção, desde que haja notificação ao cliente", conforme disposto no art. 3, parágrafo 6º, da Lei n. 13.363/2016.

Já a Lei n. 13.728, de 31 de outubro de 2018 (Brasil, 2018b) passou a definir que a contagem dos prazos no Juizado Especial fosse estabelecida em dias úteis quando acrescentou o art. 12-A à Lei n. 9.099/1995, fazendo constar "o que já se continha no Código de Processo Civil [...]. Neste sentido, a alteração até seria desnecessária" (Moreira, 2018).

Tal alteração nada modificou as disposições e as formas de contagem dos prazos processuais no Juizado Especial Criminal, uma vez que só seria possível "cogitar a respeito da aplicação do novo artigo 12-A às ações penais se não houvesse, para o processo penal, uma disposição particular que tratasse da mesma matéria, o que não é o caso" (Moreira, 2018).

> Observa-se que não se aplica aqui o artigo 3º, do Código de Processo Penal, segundo o qual "a lei processual penal admitirá interpretação extensiva e aplicação analógica, bem como o suplemento dos princípios gerais de direito", pois não há lacuna legislativa para ser preenchida nem dúvida acerca de aplicação da norma processual. (Moreira, 2018)

É necessário compreender que a lei que subsidia a Lei n. 9.099/1995, no que se refere ao Juizado Especial Criminal, é o Código de Processo Penal, sendo necessário que seja observada a sistemática de contagem, já mencionada, do art. 798.

Assim, ressaltamos a importância de se atentar às regras e aos princípios do processo penal, "razão pela qual não é possível aplicar indistintamente as normas" (STF, ARE 1191758, p. 4) previstas no Código de Processo Civil, "sob pena de subverter a lógica processual com base na qual foi construído o processo penal" (STF, ARE 1191758, p. 4), bem como "de fazermos uma verdadeira e odiosa 'processualização civil' do processo penal" (Moreira, 2018).

Capítulo 3

Procedimentos penais

O direito processual penal tem como pilares "o trinômio ação-jurisdição-processo" (Lopes Júnior, 2020a, p. 788). A **ação** processual penal é o direito de acusar exercido pelo Ministério Público nas ações de iniciativa pública e pelo ofendido nas ações de iniciativa privada.

A ação existe antes mesmo da instauração do processo, "no qual se examinam as hipóteses em que seria possível, e sob quais circunstâncias, a provocação da jurisdição" (Pacelli, 2020, p. 515). A jurisdição, por sua vez, "para além da concepção tradicional de poder-dever" (Lopes Júnior, 2018, p. 721), trata-se de um direito fundamental, com condições de eficácia, como, por exemplo, a existência de um juiz natural e imparcial, consistindo, "ao mesmo tempo, num dever, verificável em três diferenciados aspectos, e a saber: dever de declarar o direito, dever de satisfazer o direito derivante do declarado, e dever de assegurar o direito cuja declaração, ou satisfação, é invocada" (Tucci, 2012, p. 2).

A ação se realiza por intermédio de um processo que se apresenta "como o instrumento mediante o qual toda a atividade compreendida na ação judiciária se desenvolve – um instrumento, técnico e público, de distribuição de justiça" (Tucci, 2012, p. 3), ou seja, pode ser entendida como "um conjunto de situações processuais dinâmicas, que dão origem a expectativas, perspectivas, chances, cargas e liberação de cargas, pelas quais as partes atravessam rumo a uma sentença favorável" ou desfavorável (Lopes Júnior, 2018, p. 721).

Já o **processo** reflete o todo, é o gênero no qual estão dispostas todas as formas de procedimento (Pacelli, 2020), e se divide, na seara penal, em duas espécies: (1) conhecimento; e (2) execução penal. Neste livro, abordaremos o processo de conhecimento, uma vez que a execução penal somente existirá após a sentença penal condenatória, e nosso escopo aqui é investigar o caminhar processual, as fases da persecução penal, até o provimento judicial final, ou seja, a sentença penal.

A principal função do processo é a pretensão acusatória, ou seja, na ocasião do cometimento de uma infração penal que pode ser considerada

> como a violação de um bem juridicamente tutelado por legislação específica, que não somente lesa ou ameaça direito individuais, mas afeta, também, a harmonia e a estabilidade indispensáveis à vivência comunitária, incumbe ao Estado a restauração da ordem jurídica por ele atingida, de sorte a restabelecer, simultaneamente, a paz social, assecuratória da segurança pública. (Tucci, 2002, p. 163)

Para que seja possível a aplicação da sanção penal, é necessário que a pretensão acusatória, isto é, a queixa ou a denúncia, seja submetida ao Poder Judiciário, para que, respeitado o **contraditório e a ampla defesa** ao final, o juiz possa sentenciar de acordo com as provas que foram produzidas (Marcão, 2020).

Para tanto, o processo deve seguir um **procedimento**, que pode ser entendido como "o lado formal da atuação judicial, o conjunto de normas reguladoras do processo ou ainda o caminho (iter) ou itinerário que percorrem a pretensão acusatória e a resistência defensiva, a fim de que obtenham a satisfação do órgão jurisdicional" (Lopes Júnior, 2018, p. 723).

Não devemos, em hipótese alguma, confundir processo e procedimento, uma vez que o primeiro "é o ambiente em que se materializa o procedimento; o universo ou corpo em que os atos procedimentais são concretizados" (Marcão, 2020, p. 990), ou seja, é a forma ordenada e sucessiva como os atos das partes são realizados (Rangel, 2020, p. 477); já o segundo, o procedimento, "é a marcha ordenada de atos processuais; a sequência como se desenvolve o processo com seus rituais do início ao fim" (Marcão, 2020, p. 990).

— 3.1 —
Distinção dos procedimentos

Como vimos, o processo é o conjunto de atos que tem por finalidade o acertamento do caso penal, sendo desenvolvido pelo Estado-juiz com a função de proferir sentença absolutória ou condenatória. Já o procedimento é o meio pelo qual essa atividade será desenvolvida, ou seja, é o conteúdo formal, consistindo na forma pela qual o processo é exteriorizado (Rangel, 2019). A função dos procedimentos é "coordenar, disciplinar os atos processuais, indicando como devem eles fluir ordenadamente dentro da relação jurídico-processual" (Mossin, 2010, p. 513).

É de fácil percepção que processo e procedimento não se confundem, entretanto, o Código de Processo Penal – Decreto-Lei n. 3.689, de 3 de outubro de 1941 (Brasil, 1941) – acabou realizando confusão com os conceitos, pois apresenta a seguinte estrutura: no Livro II, "Dos processos em espécie"; no Título I, "Do processo comum"; no Título II, "Dos processos especiais"; no Título III, "Dos processos de competência do Supremo Tribunal Federal e dos Tribunais de Apelação". Trata-se de "erro injustificável misturar as categorias como processo e procedimento" (Lopes Júnior, 2018, p. 724), assim "não há processo comum ou especial, mas sim procedimento comum e procedimento especial. O processo é um só; a forma pela qual ele se exterioriza é que se modifica" (Rangel, 2019, p. 565).

O Código de Processo Penal, em seu art. 394, dispõe que o procedimento pode ser comum ou especial. São comuns os procedimentos ordinário, sumário e sumaríssimo, e especiais os procedimentos de responsabilidade dos funcionários públicos, dos crimes contra a honra e contra a propriedade imaterial e o rito de competência do Tribunal do Júri.

É possível encontrar fora do Código de Processo Penal outros procedimentos penais especiais, como os seguintes: Lei de Crimes Falimentares – Lei n. 11.101, de 9 de fevereiro de 2005 (Brasil, 2005), Lei de Tóxicos – Lei n. 11.343, de 23 de agosto de 2006 (Brasil, 2006), Lei das Competências Originárias dos

Tribunais – Lei n. 8.658, de 26 de maio de 1993 (Brasil, 1993), Lei de Abuso de Autoridade – Lei n. 13.869, de 5 de setembro de 2019 (Brasil, 2019a), Lei de Crimes Eleitorais – Lei n. 4.737, de 15 de julho de 1965 (Brasil, 1965a) e Lei Lavagem de Dinheiro – Lei n. 9.613, de 3 de março de 1998 (Brasil, 1998b).

Na ocasião do cometimento de uma infração penal, é necessário analisar qual procedimento deve ser adotado para a instauração do processo com a pretensão acusatória. Além do disposto no Código de Processo Penal, é possível aplicar diversos critérios, como a gravidade do crime, a natureza do delito e a qualidade do agente, a fim de identificar o procedimento a ser seguido.

A **gravidade do crime** refere-se à quantidade de pena a ser aplicada ao crime, levando em consideração a pena em abstrato, como, por exemplo: no caso do procedimento comum ordinário, será objeto o crime cuja pena máxima cominada seja igual ou superior a quatro anos; para o procedimento sumário, será objeto o crime cuja pena máxima cominada seja inferior a quatro anos; para o procedimento sumaríssimo, será objeto a infração cuja pena máxima seja igual ou inferior a dois anos, ou seja, as infrações de menor potencial ofensivo.

A **natureza do delito** é analisada "partindo da natureza do bem jurídico tutelado, estabelece o processo penal um rito especial para os crimes dolosos contra a vida (arts. 406 a 497); tóxicos (Lei n. 11.343); honra (arts. 519 a 523); crimes falimentares (Lei n. 11.101), entre outros" (Lopes Júnior, 2018, p. 725).

Por fim, a **qualidade do agente** é determinada pela qualidade daqueles que gozam de prerrogativa de função, como, por exemplo, os crimes praticados por funcionários e servidores públicos, em que deve ser seguido o procedimento especial previsto no Código de Processo Penal.

Os procedimentos são "indisponíveis" e constituem "verdadeira garantia do réu" (Lopes Júnior, 2018, p. 726), de tal forma que qualquer inobservância às regras do procedimento a ser adotado constituirá nulidade absoluta do processo. Aqui, cabe a ressalva de que "a jurisprudência brasileira tem relativizado (em quase tudo) as nulidades" (Lopes Júnior, 2018, p. 726), ou seja, se for adotado o procedimento comum ordinário em detrimento de um procedimento especial, em razão de aquele ser mais amplo e de ser possível sua aplicação subsidiária, desde que não haja supressão do contraditório e da ampla defesa nem violação às regras de competência, não há de se falar em nulidade, pois inexistente prejuízo para a defesa do acusado (Lopes Júnior, 2018).

Por fim, para a definição do procedimento a ser adotado, inicialmente deve-se verificar se há procedimento especial para o tipo de crime ao qual se pretende aplicar a sanção penal; se existir, esse é o procedimento correto a ser adotado. Entretanto, não havendo previsão legal de procedimento penal especial, por exclusão, deve ser adotado o procedimento penal comum, que é sempre subsidiário, podendo ser ordinário, sumário ou sumaríssimo, a depender da pena prevista para a infração em questão.

— 3.2 —
Procedimentos penais comuns

Realizadas as abordagens iniciais sobre a identificação dos procedimentos, passaremos a analisar o iter procedimental dos procedimentos penais comuns.

— 3.2.1 —
Procedimento ordinário

O procedimento comum ordinário deve ser adotado, na forma do art. 394, parágrafo 1º, inciso I, do Código de Processo Penal, "quando tiver por objeto crime cuja sanção máxima cominada for igual ou superior a 4 (quatro) anos de pena privativa de liberdade". Referido procedimento está previsto nos arts. 395 a 405 do Código de Processo Penal.

Inicialmente, o procedimento comum ordinário inicia-se a partir da pretensão acusatória, por ocasião do oferecimento da denúncia, quando o Ministério Público for titular da persecução penal nas ações de iniciativa pública condicionada ou incondicionada, ou pelo ofendido, apresentando a queixa, quando titular da ação de iniciativa privada.

A petição acusatória deve conter os requisitos presentes no art. 41 do Código de Processo Penal, quais sejam, a exposição do fato criminoso, com narrativa fiel aos acontecimentos, indicando todas as suas circunstâncias, demonstrando de forma minuciosa o fato delitivo, inclusive, com a indicação de dia, hora e local onde a infração penal ocorreu, e descrevendo, no caso de coautoria ou de participação, a atuação de cada um dos réus de forma isolada, "a qualificação do acusado ou esclarecimentos pelos quais se possa identificá-lo, a classificação do crime e, quando necessário, o rol das testemunhas".

Com o oferecimento da denúncia[1] ou a apresentação da queixa, os autos devem ser encaminhados para o juiz competente – juiz das garantias "quando e onde estiver implementado" (Marcão, 2020, p. 995) – para que ele verifique se o processo pode ser recebido, ou seja, se a pretensão acusatória preenche todos os requisitos e pressupostos, dando assim continuidade ao procedimento, ou se deve ser rejeitada.

A denúncia ou a queixa, conforme dispõe o art. 395, inciso I, do Código de Processo Penal, será rejeitada[2] quando for manifestamente inepta. Derivado do latim, *ineptus* significa, "na linguagem forense, estado ou caráter do que não se faz na devida forma ou não se apresenta revestido das formalidades legais" (Mossin, 2010, p. 515); é a petição acusatória que, "eivada de narração deficiente ou insuficiente, dificulte ou impeça o pleno

---

1 "Se, após analisar o inquérito ou documentos informativos, o Ministério Público se convencer a respeito do cabimento de ação penal, não sendo hipótese de deixar de oferecer denúncia em face daquele que prestou colaboração premiada (§ 4º do art. 4º da Lei n. 12.850/2013), ou de entabular acordo de não persecução penal (art. 28-A do CPP), deverá oferecer denúncia contra quem entender seja autor do delito" (Marcão, 2020, p. 995).

2 "Nos casos de competência originária dos tribunais superiores, o recurso adequado é o agravo, nos termos do art. 39 da Lei n. 8.380/90 (institui normas procedimentais para os processos que especifica, perante o Superior Tribunal de Justiça e o Supremo Tribunal Federal)" (Marcão, 2020, p. 1.003).

exercício dos poderes da defesa, é causa de nulidade absoluta e insanável do processo" (STF, RHC 85658).

A denúncia inepta é compreendida como aquela que é genérica, que não traz de forma delineada os comportamentos típicos, a individualização das condutas, não descrendo "as condutas delituosas de forma clara e satisfatória" (STF, RHC 190414).

> A ausência de um desses elementos pode trazer a falsa percepção da realidade fática que, confrontada com o inquérito, acarreta, como consequência, a inépcia da inicial, autorizando o juiz a indeferi-la. Por isso, também, quando a recebe deve motivar sua decisão. Não há mais possibilidade, em pleno século XXI, de o juiz receber uma denúncia colocando uma etiqueta ou um carimbo. Há que se manifestar, fundamentadamente (art. 93, IX, CR), ao exercer o juízo de admissibilidade da acusação. (Rangel, 2020, p. 486)

Ao não cumprir com os requisitos do art. 41 do Código de Processo Penal, a peça denunciatória impede "que o cidadão seja processado sem que tenha conhecimento das razões integrais que autorizam a persecução penal, colocando em risco sua liberdade de locomoção" (Rangel, 2020, p. 486). No entanto, há uma exceção quanto à necessidade de cumprimento dos requisitos do referido artigo, a qual envolve indicação do rol de testemunhas, que não é indicativa da inépcia da denúncia ou da queixa.

O segundo motivo que enseja a rejeição da denúncia é a falta de pressuposto processual ou de condição para o exercício da ação penal (art. 395, II, do Código de Processo Penal). Assim, tendo como certo que os pressupostos processuais são "imprescindíveis à constituição e ao desenvolvimento válido do processo", eles são "todos os elementos de natureza estritamente formal, indispensáveis ao julgamento de mérito", classificando-se em duas espécies: os pressupostos de existência e os de validade (Tucci, 2002, p. 190).

No que se refere aos **pressupostos de existência**, há a propositura da ação, o órgão dotado de jurisdicionalidade para julgamento (juiz[13]), as partes como sujeitos (autor[14] e réu[15]) e o pedido formulado (Rangel, 2020).

> A falta dos pressupostos processuais de existência impede, assim, a própria relação jurídico-processual, pois como imaginar-se relação processual sem quem deduza a pretensão (autor) ou sem o (réu)? Ou ainda, havendo estas, ausência do órgão incumbido constitucionalmente de substituir a vontade das partes (juiz). Porém, de nada adiantaria as partes e o juiz sem que houvesse o pedido, a demanda, ou seja, a postulação da prestação jurisdicional. Pois já dissemos que *ne procedat iudex ex officio*. (Rangel, 2020, p. 481)

---

3 "O primeiro (juiz) tem que ter o espaço, a medida dentro da qual irá prestar a tutela jurisdicional; a isso já chamamos de competência [...]. Deve estar isento de qualquer sentimento ou relação com a causa que o impeça de julgar com imparcialidade (suspeição e impedimento)" (Rangel, 2020, p. 481).

4 "Deve ter capacidade para praticar atos válidos no processo (*legitimatio ad processum*), sem contar que somente poderá agir em juízo se estiver representado por um advogado ou tiver habilitação técnica para agir em seu próprio nome (capacidade postulatória)" (Rangel, 2020, p. 481).

5 "Deve ele ser chamado para exercer seu direito de ampla defesa e estabelecer o contraditório, ou seja, a citação é elemento indispensável para a validade da relação processual" (Rangel, 2020, p. 481).

Já os **pressupostos de validade** são aqueles que dizem respeito à "inexistência de quaisquer nulidades prescritas na legislação", em relação tanto aos atos processuais quanto ao procedimento (Tucci, 2002, p. 191).

> A tais exigências no processo chamamos pressupostos processuais de validade, pois a competência, a suspeição e o impedimento referem-se ao juiz, à capacidade processual e à capacidade postulatória do autor e, por último, a citação válida diz respeito ao réu. Entretanto, não pode o réu ser trazido a juízo pelo mesmo fato que ainda pende de julgamento em outro juízo (litispendência), muito menos se esse fato, pior do que pender de julgamento, já tiver sido objeto de julgamento com trânsito em julgado (coisa julgada). A litispendência e a coisa julgada são pressupostos processuais negativos, pois o processo instaurado em face do réu deve ser originário. (Rangel, 2020, p. 481)

As condições da ação devem ser utilizadas de forma específica para o processo penal. Já evidenciamos aqui a problemática ao tratarmos de alguns conceitos advindos do direito processual civil que não são cabíveis no processo penal por impropriedade técnica.

Assim, as **condições da ação** para que não haja a rejeição da denúncia são: o fato aparentemente punível, conhecido como *fumus comissi delicti*; a punibilidade em concreto, ou seja, não pode ter ocorrido a extinção de punibilidade do agente pelas causas previstas no art. 107 do Código Penal, Lei n. 2.848, de 7 de dezembro de 1940 (Brasil, 1940); a legitimidade de partes, devendo estar no polo ativo da ação penal o Ministério Público, quando legitimado para a persecução nos casos de ação penal pública incondicionada ou condicionada, na forma do art. 129, inciso I, da Constituição Federal (Brasil, 1988), ou pelo ofendido ou seu representante legal (art. 31 do Código de Processo Penal), quando a ação penal for de iniciativa privada (arts. 29 e 30 do Código de Processo Penal); e a justa causa.

O terceiro motivo pelo qual haverá a rejeição da denúncia é quando faltar justa causa para o exercício da ação penal (art. 395, III, do Código de Processo Penal), que também é uma das condições da ação, entretanto, foi elencada em inciso próprio, e, uma vez ausente, será causa de rejeição da denúncia.

A justa causa "identifica-se com a existência de uma causa jurídica e fática que legitime e justifique a acusação (e a própria intervenção penal)", pressupõe a existência de dois fatores, indícios de autoria e materialidade, além do "caráter fragmentário da intervenção penal" (Lopes Júnior, 2018, p. 196).

De acordo com o art. 581, inciso I, do Código de Processo Penal, o recurso cabível diante da rejeição da denúncia é o recurso em sentido estrito. E, ao tratarmos do recurso pertinente no caso do não recebimento da peça acusatória, faz-se necessário destacar a Súmula n. 707 do Supremo Tribunal Federal (STF): "Constitui nulidade a falta de intimação do denunciado para oferecer contrarrazões ao recurso interposto da rejeição da denúncia, não a suprindo a nomeação de defensor dativo"; e a Súmula n. 709 do STF: "Salvo quando nula a decisão de primeiro grau, o acórdão que provê o recurso contra a rejeição da denúncia vale, desde logo, pelo recebimento dela".

Não sendo causa de rejeição da denúncia, consoante o que dispõe o art. 396 do Código de Processo Penal, o juiz confirmará o recebimento. E, ao tratarmos do recebimento da denúncia, não é possível concordar, em respeito aos direitos fundamentais do acusado, com o fundamento do *in dubio pro societate* no juízo de admissibilidade.

> Entretanto, em que pese a existência do princípio da presunção de inocência e do *in dubio pro reo*, o STJ tem o entendimento de que na fase de juízo de admissibilidade deve vigorar o princípio do *in dubio pro societate*, sendo, apenas, necessário para o recebimento da denúncia os indícios de autoria e materialidade, devendo a certeza e esclarecimentos de dúvidas ocorrer quando da análise do material probatório ao longo da instrução criminal.
>
> Ou seja, havendo indícios de autoria e materialidade a denúncia deve ser recebida com base ao argumento de que na dúvida a decisão deve-se dar em favor da sociedade. (Silva, 2020)

Tal argumento, para o recebimento das peças acusatórias, indica que os processos penais podem iniciar sem que se tenha a noção do impacto subjetivo que refletirá sob o acusado (Rosa, 2020). Contudo, conforme Silva (2020), "A observância das disposições constitucionais, inclusive, na fase inicial, não somente evita abusos, arbitrariedades e excessos que possam, eventualmente, serem cometidos, mas, também, limitam o poder de punir do Estado e garantem direitos fundamentais do acusado". Assim, não é possível admitir o fundamento do *in dubio pro societate*, haja vista que não há, inclusive, amparo constitucional que o sustente, sendo reflexo de uma mentalidade inquisitória do sistema processual penal.

Com o recebimento da denúncia ou da queixa, o juiz determinará a citação[16], ato de comunicação tem por finalidade completar a relação jurídica-processual de maneira válida, a fim de que o acusado possa exercer o contraditório por intermédio da resposta à acusação (art. 396 do Código de Processo Penal), que deve ser apresentada por escrito, no prazo de 10 dias, que, conforme art. 396-A do Código de Processo Penal, serve para o réu apresentar sua versão dos fatos, podendo "arguir preliminares e alegar tudo o que interesse à sua defesa, oferecer documentos e justificações, especificar as provas pretendidas e arrolar testemunhas, qualificando-as e requerendo sua intimação, quando necessário".

---

6   Lembramos que a citação pode ser realizada na modalidade real e, quando necessária, seja por ocultação ou por ausência do acusado, na forma ficta, ou seja, por hora certa ou edital. No caso de citação por edital, na forma do art. 396, parágrafo único, do CPP, o prazo para a defesa começa a fluir a partir do comparecimento pessoal do acusado ou do defensor constituído, e caso não haja o comparecimento de nenhum dos dois, será o caso de aplicação do art. 366 do CPP, com a suspensão do processo e do prazo prescricional, podendo o juiz antecipar as provas que forem consideradas urgentes e, se for o caso, decretar a prisão preventiva, desde que cumpridos os requisitos para sua decretação.

Caso o réu apresente alguma exceção prevista no art. 95 do Código de Processo Penal, ela será autuada em apartado (art. 396-A, § 1º, do Código de Processo Penal).

Cumpre ressaltar que no processo penal não prosseguirá sem a presença de defesa técnica realizada por defensor, daí o motivo pelo qual não se pode, também, falar em revelia no processo penal, justamente porque, sendo o réu citado de maneira válida e não apresentando resposta à acusação, ser-lhe-á nomeado defensor dativo para fazê-lo (art. 396-A, § 2º, do Código de Processo Penal).

Após a apresentação da resposta à acusação, o juiz absolverá sumariamente o réu (ou seja, em vez de ocorrer o trâmite processual até a sentença, antes mesmo da audiência de instrução e julgamento, é possível que o réu seja absolvido de forma sumária) quando identificadas uma das hipóteses previstas no art. 397 do Código de Processo Penal.

A primeira hipótese prevista no mencionado artigo ocorre quando houver a existência manifesta de causa excludente da ilicitude do fato (art. 397, I, do Código de Processo Penal).

Para que possamos entender a primeira hipótese de absolvição sumária, é necessário compreender que ilicitude, ou antijuridicidade, como também pode ser chamada, é elemento constitutivo essencial da infração penal (Gomes, 2016), "sendo entendida como um juízo de desvalor objetivo que recai sobre a conduta típica (igual ação/omissão somada à tipicidade), denominado de 'injusto penal'" (Prado, 2017b, p. 243).

As causas de justificação, ou, como dispõe a legislação, as causas excludentes de ilicitude, funcionam como uma autorização ou permitem que uma conduta definida como ilícita no ordenamento jurídico seja praticada e considerada lícita (Prado, 2017b). Assim, "a tipicidade atua como um indício de antijuridicidade, como um desvalor provisório, que deve ser configurado ou desvirtuado mediante a comprovação das causas de justificação" (Zaffaroni, 2018, p. 416).

E, segundo o art. 23 do Código Penal, são causas excludentes de ilicitude: "Art. 23 – Não há crime quando o agente pratica o fato: I – em estado de necessidade; II – em legítima defesa; III – em estrito cumprimento de dever legal ou no exercício regular de direito".

Assim, sempre que a conduta que ensejou a pretensão acusatória tiver sido praticada diante de uma causa excludente de ilicitude (excludente de justificação), na forma do inciso I do art. 397 do Código de Processo Penal, deve o réu ser absolvido sumariamente.

A segunda hipótese de absolvição prevista no art. 397, inciso II, do Código de Processo Penal é "a existência manifesta de causa excludente da culpabilidade do agente, salvo inimputabilidade".

Por *culpabilidade* podemos entender "a reprovação pessoal pela realização de uma ação ou omissão típica e ilícita em determinadas circunstâncias em que se podia atuar conforme as exigências do ordenamento jurídico" (Prado, 2017b, p. 263). Deve haver, obrigatoriamente, para a existência do injusto penal, a tipicidade e a ilicitude, que constituem fundamento e limite da pena, e, como elementos da culpabilidade, a imputabilidade, a potencial consciência da ilicitude e a exigibilidade de conduta diversa (Prado, 2017b).

As causas de exclusão de culpabilidade são a inimputabilidade, a exigibilidade de conduta diversa, a coação irresistível e a obediência hierárquica (Bitencourt, 2019).

Além disso, é possível a absolvição sumária quando o juiz identificar as causas excludentes de culpabilidade, porém "a prova da ocorrência da dirimente deve ser manifesta, ou seja, indiscutível. Caso não esteja devidamente caracterizada a excludente, o juiz saneará o feito e designará a realização da audiência" (Bonfim, 2019, p. 705).

Entretanto, devemos deixar claro que a imputabilidade pode ser entendida como a "capacidade de entender e de querer, e, por conseguinte, de responsabilidade criminal (o imputável responde por seus atos)" (Prado, 2017b, p. 271); e a inimputabilidade é a causa pela qual o juiz não absolverá sumariamente o réu, motivo mencionado no inciso II do art. 397 do Código de Processo Penal: "salvo, a inimputabilidade" (Prado, 2017b, p. 271).

Nesses casos, há necessidade de comprovação mediante exame de instauração de incidente de sanidade mental, o qual, se reconhecido, emprega-se a chamada *absolvição imprópria*, sendo aplicada a medida de segurança. E se fosse possível absolver o réu inimputável de forma sumária, ou seja, sem a ocorrência da instrução processual, tal fato poderia "representar medida danosa e injusta, pois, havendo instrução processual, ao final o acusado poderá provar que é inocente, e então receber absolvição pura e simples, sem imposição de qualquer medida em seu desfavor" (Marcão, 2020, p. 1.013).

Outra hipótese de absolvição sumária ocorre quando o fato narrado evidentemente não constitui crime (art. 397, II, do Código de Processo Penal), ou seja, quando o fato praticado é atípico (Marcão, 2020).

Aqui cabe a menção de que, após a apresentação da peça denunciatória, se for identificado pelo juiz ser a conduta atípica, ele deve rejeitá-la (Bonfim, 2019) em razão da ausência de condições da ação, mais precisamente porque não há um fato aparentemente punível. No entanto, caso não tenha sido identificada conduta atípica nesse momento processual, será causa de absolvição sumária, após a apresentação de resposta à acusação pelo réu.

Por fim, a última hipótese de absolvição sumária ocorre quando é extinta a punibilidade do agente, ou seja, quando estivermos diante de uma das hipóteses previstas no art. 107 do Código Penal:

> Art. 107. Extingue-se a punibilidade:
>
> I – pela morte do agente;
>
> II – pela anistia, graça ou indulto;
>
> III – pela retroatividade de lei que não mais considera o fato como criminoso;

IV – pela prescrição, decadência ou perempção;

V – pela renúncia do direito de queixa ou pelo perdão aceito, nos crimes de ação privada;

VI – pela retratação do agente, nos casos em que a lei a admite;

VII – (Revogado pela Lei nº 11.106, de 2005)

VIII – (Revogado pela Lei nº 11.106, de 2005)

IX – pelo perdão judicial, nos casos previstos em lei.

Não sendo o caso de absolvição sumária, o juiz, na forma do art. 399 do Código de Processo Penal, "designará dia e hora para a audiência, ordenando a intimação do acusado, de seu defensor, do Ministério Público e, se for o caso, do querelante e do assistente".

Caso o réu esteja com restrição de liberdade, ele "será requisitado para comparecer ao interrogatório, devendo o poder público providenciar sua apresentação" (art. 399, § 1º do Código de Processo Penal), sendo direito do réu poder acompanhar a audiência de instrução em sua totalidade.

O Código de Processo Penal destacou a necessidade de que: "As provas serão produzidas numa só audiência, podendo o juiz indeferir as consideradas irrelevantes, impertinentes ou protelatórias" (art. 400, § 1º, do Código de Processo Penal).

A audiência de instrução e julgamento deve ser realizada no prazo máximo de 60 dias (não há nenhuma sanção prevista no Código de Processo Penal para os casos em que não se respeite a realização da audiência de instrução no prazo indicado em lei).

Na ocasião, proceder-se-á à tomada de declarações do ofendido, à inquirição das testemunhas[17] – no limite de oito (art. 401 do Código de Processo Penal) – arroladas pela acusação e pela defesa – nesta ordem. No número legal indicado para o limite de testemunhas a serem ouvidas no processo, não são consideradas as que não prestam compromisso (art. 401, § 1º, do Código de Processo Penal).

Ainda, poderão ser realizados os esclarecimentos dos peritos, desde que haja prévio requerimento das partes para que sejam ouvidos na audiência de instrução e julgamento (art. 400, § 2º, do Código de Processo Penal); as acareações e o reconhecimento de pessoas e coisas; e, como último ato da audiência, será interrogado o acusado, a fim de garantir o contraditório e a ampla defesa (art. 400, *caput*, do Código de Processo Penal).

Conforme dispõe o art. 405, *caput*, do Código de Processo Penal, "Do ocorrido em audiência será lavrado termo em livro próprio, assinado pelo juiz e pelas partes, contendo breve resumo dos fatos relevantes nela ocorridos". E "sempre que possível, o registro dos depoimentos do investigado, indiciado, ofendido e testemunhas será feito pelos meios ou recursos de gravação magnética, estenotipia, digital ou técnica similar, inclusive audiovisual, destinada a obter maior fidelidade das informações" (art. 405, § 1º, do Código de Processo Penal). Além disso,

---

7   Sobre as testemunhas ouvidas por carta precatória, é importante destacar a Súmula n. 155 do STF: "É relativa a nulidade do processo criminal por falta de intimação da expedição de precatória para inquirição de testemunha"; e a Súmula n. 273 do STJ "Intimada a defesa da expedição da carta precatória, torna-se desnecessária intimação da data da audiência no juízo deprecado".

"no caso de registro por meio audiovisual, será encaminhado às partes cópia do registro original, sem necessidade de transcrição" (art. 405, § 2º, do Código de Processo Penal).

Finalizada a audiência de instrução e não havendo o requerimento de diligências, proceder-se-á à realização das alegações finais orais, que constitui a regra no processo penal, as quais deverão ser realizadas pelo prazo de 20 minutos para a acusação e para a defesa, prazo que poderá ser prorrogado por mais 10 minutos (art. 403, *caput*, do Código de Processo Penal). No caso de haver mais de um acusado, o tempo previsto será individual para cada um (art. 403, parágrafo 1º, do Código de Processo Penal).

Se nos autos constar assistente de acusação, em razão de sua atuação complementar e subsidiária, ele poderá realizar, após o término do prazo concedido ao Ministério Público, alegações finais, com prazo reduzido, sendo concedidos 10 minutos, que poderão ser prorrogados por mais 10 minutos (art. 403, § 2º, do Código de Processo Penal). Finalizadas as alegações finais orais, o juiz proferirá a sentença.

Ao final dos atos de instrução, "o Ministério Público, o querelante e o assistente e, a seguir, o acusado poderão requerer diligências cuja necessidade se origine de circunstâncias ou fatos apurados na instrução" (art. 402 do Código de Processo Penal).

E, assim, o juiz ordenará a realização da "diligência considerada imprescindível, de ofício ou a requerimento da parte, a audiência será concluída sem as alegações finais" (art. 404, *caput*, do Código de Processo Penal). Após a realização da diligência requerida pelas partes, estas deverão apresentar, no prazo sucessivo de 5 dias, iniciando pelo Ministério Público e, depois, pela defesa, as alegações finais por memoriais. Após a apresentação da última manifestação no processo de conhecimento pelas partes, o juiz terá o prazo de 10 dias para proferir a sentença do caso penal (art. 404, § único, do Código de Processo Penal).

Não sendo o caso de requerimento de diligências, mas diante da complexidade do caso ou do número de acusados, poderá o juiz finalizar a audiência de instrução sem as alegações finais orais e "conceder às partes o prazo de 5 (cinco) dias sucessivamente para a apresentação de memoriais. Nesse caso, terá o prazo de 10 (dez) dias para proferir a sentença" (art. 403, § 3º, do Código de Processo Penal).

Por fim, ressaltamos que, conforme dispõe o art. 563 do Código de Processo Penal, "Nenhum ato será declarado nulo, se da nulidade não resultar prejuízo para a acusação ou para a defesa", previsão que decorre da "observância ao princípio *pas de nullité sans grief*" (STJ, AgRg no HC 625655/PE 2020/0298779-4), que declara que não há nulidade sem prejuízo. Assim, caso haja a adoção do procedimento ordinário em detrimento de outro, como, por exemplo, um procedimento especial, somente poderá ser reconhecida a nulidade de houver a comprovação de prejuízo.

— 3.2.2 —
Procedimento sumário

O procedimento sumário deve ser utilizado "quando tiver por objeto crime cuja sanção máxima cominada seja inferior a 4 (quatro) anos de pena privativa de liberdade", na forma do art. 394, parágrafo 1º, inciso II, do Código de Processo Penal, tendo o procedimento previsão nos arts. 531 a 538 do mesmo diploma.

Inicialmente, cumpre destacar que o art. 394, parágrafo 4º, do Código de Processo Penal aponta que as disposições dos arts. 395 a 398 desse Código "aplicam-se a todos os procedimentos penais de primeiro grau, ainda que não regulados neste Código", e o parágrafo 5º do mesmo artigo estabelece que "aplicam-se subsidiariamente aos procedimentos especial, sumário e sumaríssimo as disposições do procedimento ordinário".

A menção aos parágrafos 4º e 5º do art. 394 se faz necessária, visto que, se analisarmos os arts. 531 a 538 do Código de Processo Penal, correspondentes ao procedimento sumário, não identificaremos as fases, de forma minuciosa, como faz o código no procedimento comum ordinário, justamente porque, na ausência de previsão dos atos processuais a serem seguidos, será utilizado de forma subsidiária o procedimento comum ordinário.

Esse procedimento somente será utilizado quando não for cabível o procedimento sumaríssimo, ou seja, quando tiver por objeto crime cuja sanção máxima seja inferior a quatro anos, mas superior a dois anos, não sendo o caso de aplicação da Lei

n. 9.099/1995, que prevê o procedimento para os crimes de menor potencial ofensivo.

Em razão de o procedimento sumário seguir os mesmos atos do procedimento ordinário, a seguir faremos apenas observações no que se refere às distinções em relação à aplicação dos artigos específicos do procedimento.

Assim como no procedimento ordinário, no procedimento sumário também há a necessidade de as provas serem produzidas em uma só audiência, entretanto, "audiência de instrução e julgamento, a ser realizada no prazo máximo de 30 (trinta) dias" (art. 531 do Código de Processo Penal).

Na ocasião, proceder-se-á à tomada de declarações do ofendido, à inquirição das testemunhas – no limite de cinco (art. 532 do Código de Processo Penal) – arroladas pela acusação e pela defesa – nessa ordem.

De acordo com o art. 536 do Código de Processo Penal, "a testemunha que comparecer será inquirida, independentemente da suspensão da audiência, observada em qualquer caso a ordem estabelecida no art. 531 deste Código".

Será aplicável, na forma do art. 533 do Código de Processo Penal, o previsto no art. 400 do mesmo código, ou seja, as disposições relativas ao prévio requerimento das partes (art. 400, § 2º, do Código de Processo Penal) para os esclarecimentos dos peritos.

De forma subsidiária, ante a ausência de previsão, utiliza-se o procedimento ordinário, em que o "ocorrido em audiência será lavrado termo em livro próprio, assinado pelo juiz e pelas partes, contendo breve resumo dos fatos relevantes nela ocorridos" (art. 405, *caput*, do Código de Processo Penal). E, "sempre que possível, o registro dos depoimentos do investigado, indiciado, ofendido e testemunhas será feito pelos meios ou recursos de gravação magnética, estenotipia, digital ou técnica similar, inclusive audiovisual, destinada a obter maior fidelidade das informações" (art. 405, § 1º, do Código de Processo Penal). Além disso, "no caso de registro por meio audiovisual, será encaminhado às partes cópia do registro original, sem necessidade de transcrição" (art. 405, § 2º, Código de Processo Penal).

Finalizada a audiência de instrução e não havendo o requerimento de diligências, proceder-se-á à realização das alegações finais orais, que constitui a regra no processo penal, oferecidas por 20 minutos, respectivamente, pela acusação e pela defesa, prorrogáveis por mais 10 minutos (art. 534, *caput*, do Código de Processo Penal). No caso de haver mais de um acusado, o tempo previsto será individual para cada um (art. 534, § 1º, do Código de Processo Penal).

Se nos autos constar assistente de acusação, ele poderá realizar alegações finais orais, entretanto, com prazo reduzido, sendo concedidos, após o Ministério Público, 10 minutos, prorrogando-se por igual período o tempo de manifestação da defesa (art. 534, § 2º, do Código de Processo Penal). Finalizadas as alegações finais orais, o juiz proferirá a sentença.

— 3.2.3 —
Procedimento sumaríssimo

O procedimento comum sumaríssimo deve ser adotado, na forma do art. 394, parágrafo 1º, inciso III, do Código de Processo Penal, para as infrações penais de menor potencial ofensivo, que são consideradas, conforme o art. 61 da Lei n. 9.099/1995, as contravenções penais e os crimes a que a lei comine pena máxima não superior a dois anos[8], cumulada ou não com multa.

É importante mencionar que, em conformidade com o Enunciado 10 do Fonaje (Fórum Nacional de Juizados Especiais)[9], se houver conexão[10] entre crimes da competência do Juizado Especial e do Juízo Penal Comum, prevalecerá a competência da vara criminal.

---

8   No que se refere ao concurso de infrações de menor potencial ofensivo, segundo o Enunciado 120 do Fonaje (Fórum Nacional de Juizados Especiais), isso "não afasta a competência do Juizado Especial Criminal, ainda que o somatório das penas, em abstrato, ultrapasse dois anos" (Brasil, 2021a).

9   "Há ampla discussão sobre a aplicação dos Enunciados do FONAJE – Fórum Nacional de Juizados Especiais –, formado sem critérios democráticos e transparentes, já que por simples indicação dos Tribunais e Associações, que se arvoram a estabelecer 'enunciados declarativos' de como 'deveria' a aplicação dos Juizados Especiais Criminais, sem sequer indicar os fundamentos dos ditos enunciados, revogados, modificados, alterados, conforme a sorte dos magistrados que frequentam os encontros" (Rosa, 2020, p. 607). Em que pesem as discussões e críticas envoltas sobre a criação e o uso dos Enunciados, neste livro, faremos as devidas indicações, visto que, na prática jurídica, servem para fundamentar as decisões judiciais.

10 A conexão tem previsão no art. 76 do CPP, que dispõe que: "a competência será determinada pela conexão: I – se, ocorrendo duas ou mais infrações, houverem sido praticadas, ao mesmo tempo, por várias pessoas reunidas, ou por várias pessoas em concurso, embora diverso o tempo e o lugar, ou por várias pessoas, umas contra as outras; II – se, no mesmo caso, houverem sido umas praticadas para facilitar ou ocultar as outras, ou para conseguir impunidade ou vantagem em relação a qualquer delas; III – quando a prova de uma infração ou de qualquer de suas circunstâncias elementares influir na prova de outra infração".

O procedimento sumaríssimo tem sua previsão a partir do art. 60 da Lei n. 9.099/1995, sendo necessária a fase preliminar (que será sempre individual, conforme previsão do Enunciado 106 do Fonaje), para esgotar as possibilidades de aplicação dos institutos despenalizadores (composição civil dos danos, transação penal e suspensão condicional do processo). Segundo o **Enunciado 9 do Fonaje**, deve ser realizada a intimação do autor do fato para comparecimento em audiência preliminar, contendo a advertência da necessidade de acompanhamento de advogado, bem como indicando que, na sua falta, ser-lhe-á nomeado defensor público.

Se na audiência preliminar não for possível a aplicação dos institutos despenalizadores, será dada continuidade ao procedimento. Assim, se a infração for de ação penal pública[11], caberá ao Ministério Público o oferecimento, de imediato, da denúncia oral (art. 77, *caput*, da Lei n. 9.099/1995), que deve ser elaborada com base no termo de ocorrência, "com dispensa do inquérito policial, prescindir-se-á do exame do corpo de delito quando a materialidade do crime estiver aferida por boletim médico ou prova equivalente" (art. 77, § 1º, da Lei n. 9.099/1995). Já nas ações de iniciativa do ofendido, a queixa pode ser oferecida de forma oral (art. 77, § 3º, da Lei n. 9.099/1995).

---

11 No caso das ações penais públicas condicionadas à representação, há a disposição do Enunciado 25 do Fonaje, que menciona que "o início do prazo para o exercício da representação do ofendido começa a contar do dia do conhecimento da autoria do fato, observado o disposto no Código de Processo Penal ou legislação específica. Qualquer manifestação da vítima que denote intenção de representar vale como tal para os fins do art. 88 da Lei 9.099/95" (Brasil, 2021a).

Após o oferecimento da denúncia ou da queixa, ela "será reduzida a termo, entregando-se cópia ao acusado, que com ela ficará citado e imediatamente cientificado da designação de dia e hora para a audiência de instrução e julgamento, da qual também tomarão ciência o Ministério Público, o ofendido, o responsável civil e seus advogados" (art. 78 da Lei n. 9.099/1995).

Se o acusado não estiver presente, será citado, na forma do art. 66 da Lei n. 9.099/1995, pessoalmente no próprio juizado, sempre que possível, ou por mandado. É, inclusive, cabível a citação por hora certa no Juizado Especial Criminal (Enunciado 110 do Fonaje), bem como a expedição de carta precatória e apresentação de defesa preliminar no juízo deprecado (Enunciado 93 do Fonaje).

Caso o juiz verifique a complexidade e as circunstâncias do caso, não sendo encontrado o acusado para ser citado[12], encaminhará as peças existentes ao juízo comum para que possa proceder a citação por edital, a qual não é cabível em sede de Juizado Especial Criminal (art. 67 da Lei n. 9.099/1995).

Sendo as testemunhas arroladas intimadas[13], de acordo com o art. 67 da Lei n. 9.099/1995:

---

12 Enunciado 64 do Fonaje: "Verificada a impossibilidade de citação pessoal, ainda que a certidão do Oficial de Justiça seja anterior à denúncia, os autos serão remetidos ao juízo comum após o oferecimento desta (nova redação – XXI Encontro – Vitória/ES)" (Brasil, 2021a).

13 Enunciado 27 do Fonaje: "Em regra não devem ser expedidos ofícios para órgãos públicos, objetivando a localização de partes e testemunhas nos Juizados Criminais" (Brasil, 2021a).

por correspondência, com aviso de recebimento pessoal ou, tratando-se de pessoa jurídica ou firma individual, mediante entrega ao encarregado da recepção, que será obrigatoriamente identificado, ou, sendo necessário, por oficial de justiça, independentemente de mandado ou carta precatória, ou ainda por qualquer meio idôneo de comunicação.

Segundo dispõe o art. 79 da "No dia e hora designados para a audiência de instrução e julgamento, se na fase preliminar não tiver havido possibilidade de tentativa de conciliação e de oferecimento de proposta pelo Ministério Público, proceder-se-á nos termos dos arts. 72, 73, 74 e 75 desta Lei".

Aberta a audiência de instrução, após a nova tentativa de conciliação, será concedida a palavra ao defensor para que apresente resposta à acusação (art. 81, *caput*, da Lei n. 9.099/1995). Nesse momento, ele pode arguir as causas de rejeição da denúncia previstas no art. 395 ou as causas de absolvição sumária do art. 397, ambos do Código de Processo Penal, apresentar tudo que for de interesse da defesa e realizar a juntada de documentos.

É essencial que seja oportunizada a referida defesa oral preliminar, visto que sua omissão conspurca a ação penal: "[...] pois se trata de formalidade essencial à escorreita prestação jurisdicional no procedimento dos delitos de menor potencial ofensivo, no qual a celeridade legalmente recomendada não pode significar preterição às garantias constitucionais da ampla defesa e do contraditório" (STJ, RHC 35.239/DF).

A não concessão da defesa oral significa a ausência de concretização do devido processo legal, pois se trata de formalidade essencial ao procedimento, bem como não é possível a supressão de direitos fundamentais do acusado, como o contraditório e a ampla defesa, motivo pelo qual, se não for observado, acarretará a nulidade processual.

Somente após a apresentação da defesa pelo acusado é que o juiz decidirá sobre o recebimento ou não da denúncia ou da queixa (art. 81, *caput*, da Lei n. 9.099/1995), o que deve ser feito mediante decisão fundamentada, na forma do art. 93, inciso IX, da Constituição Federal.

O juiz, entendendo estarem presentes os requisitos processuais para o recebimento da denúncia ou da queixa, passará à oitiva da vítima e das testemunhas[14], primeiro das de acusação e, em seguida, das de defesa. É direito do réu assistir à inquirição das testemunhas antes da realização de seu interrogatório, devendo ser observado o disposto no art. 217 do Código de Processo Penal. Caso o interrogatório seja realizado mediante a expedição de carta precatória, as cópias dos depoimentos das testemunhas devem ser anexadas, de modo que o réu seja sobre estes cientificado (Enunciado 66 do Fonaje).

E, como último ato da audiência de instrução, realiza-se o interrogatório do acusado, se ele estiver presente (art. 81, *caput* da Lei n. 9.099/1995).

---

14 Enunciado 42 do Fonaje: "A oitiva informal dos envolvidos e de testemunhas, colhida no âmbito do Juizado Especial Criminal, poderá ser utilizada como peça de informação para o procedimento" (Brasil, 2021a).

Cumpre mencionar que "todas as provas serão produzidas na audiência de instrução e julgamento, podendo o Juiz limitar ou excluir as que considerar excessivas, impertinentes ou protelatórias" (art. 81, § 1º, da Lei n. 9.099/1995).

Por fim, "todo o ocorrido na audiência será lavrado termo, assinado pelo Juiz e pelas partes, contendo breve resumo dos fatos relevantes ocorridos em audiência e a sentença"[15][16] (art. 81, § 2º, da Lei n. 9.099/1995)[17], a qual dispensará o relatório e mencionará os elementos de convicção do juiz (art. 81, § 3º, da Lei n. 9.099/1995). A sentença pode ter sua fundamentação realizada de forma oral, em audiência ou no gabinete, com a gravação por qualquer meio eletrônico ou digital, sendo necessário que sejam indicadas por escrito a dosimetria da pena e a parte dispositiva da decisão, conforme dispõe o Enunciado 127 do Fonaje.

Institutos despenalizadores

O advento da Lei n. 9.099/1995 ensejou a ruptura da estrutura tradicional na forma de solução de conflitos previstos no ordenamento jurídico brasileiro. Considerando "a adoção de medidas despenalizadoras e descaracterizadoras, marcou um novo paradigma no tratamento da violência" (Lopes Júnior, 2020b,

---

[15] Enunciado 114 do Fonaje "A Transação Penal poderá ser proposta até o final da instrução processual (XXVIII Encontro – Salvador/BA)" (Brasil, 2021a).

[16] Enunciado 113 do Fonaje: "Até a prolação da sentença é possível declarar a extinção da punibilidade do autor do fato pela renúncia expressa da vítima ao direito de representação ou pela conciliação (XXVIII Encontro – Salvador/BA)" (Brasil, 2021a).

[17] Enunciado 125 do Fonaje: "É cabível, no Juizado Especial Criminal, a intimação por edital da sentença penal condenatória, quando não localizado o réu (XXXVI Encontro – Belém/PA)" (Brasil, 2021a).

p. 821) e tem por objetivo, segundo o disposto no art. 62 da Lei 9.099/1995 "sempre que possível, a reparação dos danos sofridos pela vítima e a aplicação da pena não privativa de liberdade".

Composição civil dos danos

A composição civil dos danos é um instituto despenalizador que visa perfazer a pretensão indenizatória da vítima, "de modo que o acordo entre imputado e vítima, com vistas à reparação dos danos decorrentes do delito, gera um título executivo judicial" (Lopes Júnior, 2018, p. 757).

A possibilidade da ocorrência da composição civil dos danos pode anteceder a fase processual ou ter sua ocorrência na audiência preliminar, onde estarão as partes acompanhadas de seus advogados.

Para que seja possível a realização da composição civil, deve a ação penal ser de iniciativa privada ou de ação penal pública condicionada à representação (art. 74, parágrafo único, da Lei n. 9.099/1995). O principal objetivo da composição civil é a ocorrência da extinção da punibilidade pela renúncia do direito de queixa ou de representação, tendo como consequência a não instauração do processo penal (Lopes Júnior, 2018).

A da composição civil dos danos civis pode ser realizada tanto extrajudicialmente quanto judicialmente. Se não for realizada extrajudicialmente, pode ocorrer durante a audiência preliminar.

Na audiência preliminar, o juiz ou o conciliador buscará a conciliação entre as partes e, se for realizado o acordo entre as partes, será reduzida a escrito e homologada pelo juiz mediante sentença. Além disso, ressaltamos que a sentença de homologação da composição civil dos danos é irrecorrível, ou seja, não cabe recurso da decisão, visto que tem eficácia de título executivo e, caso não venha a ser cumprida pelo querelado, deve ser executada no juízo cível competente (art. 74 da Lei n. 9.099/1995).

Segundo o Enunciado 99 do Fonaje, "nas infrações penais em que haja vítima determinada, em caso de desinteresse desta ou de composição civil, deixa de existir justa causa para ação penal" (Brasil, 2021a), não podendo, assim, a vítima do fato ingressar novamente com a ação penal posteriormente à realização da composição civil.

Cabe aqui a ressalva também do Enunciado 74 do Fonaje de que "a prescrição e a decadência não impedem a homologação da composição civil" (Brasil, 2021a). O sentido da criação do Enunciado 74 reside no fato de que a maior parte das infrações penais em que o ofendido busca o Poder Judiciário não tem por objetivo a solução do caso penal, mas a satisfação da pretensão indenizatória. O que se pretende com o Enunciado é evitar que seja necessário movimentar o Judiciário em mais uma demanda, resolvendo de imediato o conflito entre as partes.

Entretanto, não sendo possível a realização da composição civil, existem duas possibilidades: a primeira, se o crime for de ação penal de iniciativa privada, poderá a vítima apresentar a queixa-crime; a segunda, se o crime for de ação penal de iniciativa pública condicionada à representação, poderá a vítima exercer o direito de representação verbal, que será reduzido a termo (art. 75 da Lei n. 9.099/1995). Aqui, cabe destacar que o não oferecimento da representação durante a audiência preliminar não gera a decadência do direito, devendo, entretanto, ser realizado dentro do prazo legal previsto na legislação (art. 75, parágrafo único, da Lei n. 9.099/1995), ou seja, no prazo de 6 meses, ou então poderá ser proposta a transação penal, por intermédio do Ministério Público.

Transação penal

A transação penal é um instituto despenalizador aplicável aos crimes de competência do Juizado Especial Criminal cuja pena máxima não exceda a dois anos[18], e "consiste na oferta de pena antecipada (multa ou restritiva de direitos, com ou sem reparação do dano), negociada no campo da barganha, com a homologação judicial" (Rosa, 2019, p. 545), devendo ser observados "os princípios da justiça restaurativa, da proporcionalidade, da dignidade, visando a efetividade e adequação" (Enunciado 116 do Fonaje).

---

18 "PENAL E PROCESSO PENAL. AGRAVO REGIMENTAL NO HABEAS CORPUS. LESÃO CORPORAL NA DIREÇÃO DE VEÍCULO AUTOMOTOR POR DUAS VEZES (CONCURSO FORMAL). APLICAÇÃO DA COMPOSIÇÃO CIVIL E DA TRANSAÇÃO PENAL. IMPOSSIBILIDADE. PENA MÍNIMA SUPERIOR A 2 (DOIS) ANOS. INCIDÊNCIA DE CAUSA ESPECIAL DE AUMENTO DE PENA. ALEGAÇÃO DE INOBSERVÂNCIA DO ART. 291, § 1º, DO CÓDIGO DE TRÂNSITO BRASILEIRO. INOCORRÊNCIA. CONSTRANGIMENTO ILEGAL. AUSÊNCIA. AGRAVO REGIMENTAL NÃO PROVIDO. 1. O delito de lesão corporal na direção de veículo automotor (art. 303 da Lei n. 9.503/97), a teor do art. 61 da Lei n. 9.099/95, é considerado crime de menor potencial ofensivo, aplicando-se os institutos despenalizadores da transação penal e da composição civil de danos. No entanto, a incidência de causa de aumento especial da pena (praticá-lo em faixa de pedestre ou calçada–art. 302, § 1º, II, do mesmo diploma legal), em razão da pena mínima em abstrato superar 2 (dois) anos, deixa de ser considerado infração de menor potencial ofensivo, o que afasta a aplicação dos institutos despenalizadores citados. Precedentes. 2. Agravo regimental não provido." (STJ, AgRg no HC 584.784/SP)

Devemos destacar que o instituto da transação penal constitui "direito subjetivo do réu, de modo que, preenchidos os requisitos legais, deve ser oportunizada ao acusado" (Lopes Júnior, 2018, p. 759), sendo cabível, inclusive, por carta precatória (Enunciado 13 do Fonaje).

Quando se trata de direito subjetivo do acusado, tendo sido oferecida a representação, mas a vítima não comparece à audiência preliminar, pode o Ministério Público propor diretamente a proposta de transação penal (Enunciado 2 do Fonaje). E, caso não haja o oferecimento da transação penal pelo Ministério Público e o juiz verificar seu cabimento, aplica-se entendimento análogo ao da Súmula n. 696 do STF: "reunidos os pressupostos legais permissivos da suspensão condicional do processo, mas se recusando o Promotor de Justiça a propô-la, o Juiz, dissentindo, remeterá a questão ao Procurador-Geral, aplicando-se por analogia o art. 28 do Código de Processo Penal" – disposição também presente no Enunciado 86 do Fonaje.

A transação penal consiste na aplicação de pena restritiva de direito ou multa (art. 76 da Lei n. 9.099/1995); quando a pena de multa for a única aplicável[19], poderá o juiz reduzi-la até a metade (art. 76, § 1º, da Lei n. 9.099/1995). Entretanto, não será admitida a proposta de transação penal se ficar comprovado, na forma do art. 76, parágrafo 2º, incisos I a III, da Lei n. 9.099/1995:

---

[19] Enunciado 20 do Fonaje: "A proposta de transação de pena restritiva de direitos é cabível, mesmo quando o tipo em abstrato só comporta pena de multa" (Brasil, 2021a).

I – ter sido o autor da infração condenado, pela prática de crime, à pena privativa de liberdade, por sentença definitiva;

II – ter sido o agente beneficiado anteriormente, no prazo de cinco anos, pela aplicação de pena restritiva ou multa, nos termos deste artigo;

III – não indicarem os antecedentes, a conduta social e a personalidade do agente, bem como os motivos e as circunstâncias, ser necessária e suficiente a adoção da medida.

Sendo aceita a proposta da transação penal, esta é submetida à apreciação do juiz[20], o qual, acolhendo-a, sentenciará e aplicará a pena restritiva de direito ou multa. A sentença que aplica a transação penal não importa reincidência para o autor do fato, sendo apenas registrada para que impeça o autor de utilizá-la nos próximos 5 anos (art. 76, parágrafos 3º a 5º, da Lei n. 9.099/1995)[21]. Salientamos que, passados os cinco anos, o autor do fato poderá novamente utilizar do benefício, caso venha novamente a ser responsabilizado criminalmente por uma infração de menor potencial ofensivo e se enquadre nos requisitos da legislação para utilizar do instituto da transação penal.

É possível "a substituição de uma modalidade de pena restritiva de direitos por outra, aplicada em sede de transação penal,

---

20 Enunciado 73 do Fonaje: "O juiz pode deixar de homologar transação penal em razão de atipicidade, ocorrência de prescrição ou falta de justa causa para a ação penal, equivalendo tal decisão à rejeição da denúncia ou queixa (XVI Encontro – Rio de Janeiro/RJ)" (Brasil, 2021a).

21 Enunciado 115 do Fonaje: "A restrição de nova transação do art. 76, § 4º, da Lei n. 9.099/1995, não se aplica ao crime do art. 28 da Lei n. 11.343/2006 (XXVIII Encontro – Salvador/BA)" (Brasil, 2021a).

pelo juízo do conhecimento" (Enunciado 68 do Fonaje), devendo ser requerido pelo interessado e, posteriormente, ouvido o Ministério Público.

Conforme disposto na Súmula Vinculante n. 35 do STF:

> A homologação da transação penal prevista no artigo 76 da Lei 9.099/1995 não faz coisa julgada material e, descumpridas suas cláusulas, retoma-se a situação anterior, possibilitando-se ao Ministério Público a continuidade da persecução penal mediante oferecimento de denúncia ou requisição de inquérito policial.

Caso não seja cumprido o proposto na transação penal, de acordo com o Enunciado 44 do Fonaje "o decurso do prazo prescricional provoca a declaração de extinção de punibilidade pela prescrição da pretensão punitiva" (Brasil, 2021a), ou seja, não será mais possível dar andamento na ação penal.

Suspensão condicional do processo

A suspensão condicional do processo pode ser compreendida como o "mecanismo pelo qual, sem assunção de culpa, o acusado é submetido ao período de prova e acompanhamento, de dois até 4 quatro anos, com ou sem outras condições" (Rosa, 2019, p. 545); "a regra aqui é a da proporcionalidade entre o gravame decorrente da submissão ao período de provas e suas condições, em relação ao fato aparentemente criminoso" (Lopes Júnior, 2018, p. 771).

Esse mecanismo está disposto no art. 89 da Lei n. 9.099/1995, sendo conhecido como *sursis processual* e, para que possa ser aplicado, deve o crime ter pena mínima, igual ou inferior a um ano. Ressaltamos que o crime pode ser de competência do Juizado Especial Criminal ou não, ou seja, para todos os crimes que tenham a pena mínima dentro do limite imposto pelo legislador, pode ser aplicada a suspensão condicional do processo.

Note que há hipóteses em que a pena cominada à infração penal será somada, como no caso do fato criminoso ter sido praticado em concurso (material, formal e continuidade delitiva) ou em razão da presença de majorantes, conforme previsão da Súmula n. 243 do STJ. Nesses casos, não pode ser aplicado o benefício da suspensão condicional do processo, visto que, com a soma, a pena mínima ultrapassa o limite de um ano.

Ainda, há outra hipótese prevista em que não pode ser aplicado o instituto da suspensão condicional do processo, conforme a Súmula n. 723 do STF, ao dispor que "não se admite a suspensão condicional do processo por crime continuado, se a soma da pena mínima da infração mais grave com o aumento mínimo de um sexto for superior a um ano".

Além do requisito da pena mínima ser igual ou inferior a um ano, pode ser aplicada a suspensão condicional do processo, desde que "o acusado não esteja sendo processado ou não tenha sido condenado por outro crime, presentes os demais requisitos que autorizariam a suspensão condicional da pena" (art. 77 do

Código Penal)[122] [123], sendo possível a aplicação, inclusive, nas ações de iniciativa privada, mediante proposta do Ministério Público (Enunciado 112 do Fonaje).

O período de provas a que será submetido o acusado deve ser realizado sob as seguintes condições, na forma do art. 89, parágrafo 1º, da Lei n. 9.099/1995: mediante a reparação do dano[124], desde que seja possível fazê-lo e, caso o autor da infração penal não tenha condições econômicas, não será aplicada; poderá o acusado ser proibido de frequentar determinados lugares, como forma de prevenir a ocorrência de outras infrações idênticas à que foi cometida; o autor da infração será proibido de se ausentar da comarca sem autorização do juiz; deverá comparecer de forma pessoal, o que significa dizer que não poderá ser substituído, e será obrigatório o comparecimento em juízo, de forma mensal, a fim de informar e justificar as atividades que está desenvolvendo. O juiz pode especificar outras condições que julgar necessárias, desde que adequadas ao fato e à situação pessoal do acusado (art. 89, § 2º, da Lei 9.099/1995).

---

22 Enunciado 16 do Fonaje: "Nas hipóteses em que a condenação anterior não gera reincidência, é cabível a suspensão condicional do processo" (Brasil, 2021a).

23 Enunciado 93 do Fonaje: "É cabível a expedição de precatória para citação, apresentação de defesa preliminar e proposta de suspensão do processo no juízo deprecado. Aceitas as condições, o juízo deprecado comunicará ao deprecante o qual, recebendo a denúncia, deferirá a suspensão, a ser cumprida no juízo deprecado (XXI Encontro – Vitória/ES)" (Brasil, 2021a).

24 Enunciado 32 do Fonaje: "O Juiz ordenará a intimação da vítima para a audiência de suspensão do processo como forma de facilitar a reparação do dano, nos termos do art. 89, parágrafo 1º, da Lei 9.099/95" (Brasil, 2021a).

A suspensão pode ser revogada se, no curso do processo, o acusado vier a ser processado por outro crime, praticar contravenção penal ou descumprir as condições impostas (art. 89, §§ 3º e 4º, da Lei n. 9.099/1995). Expirado o prazo sem qualquer revogação, o juiz declarará a extinção da punibilidade do agente (art. 89, § 5º, da Lei n. 9.099/1995), não sendo, porém, declarada apenas pelo mero decurso do prazo sem que haja o cumprimento integral das condições que foram impostas pelo juízo (Enunciado 123 do Fonaje).

Caso o acusado não aceite a proposta de suspensão condicional do processo ofertada pelo Ministério Público, o processo prosseguirá normalmente.

— 3.3 —
Procedimento especial do Tribunal do Júri

O Tribunal do Júri é "um órgão especial do Poder Judiciário de primeira instância, pertencente à Justiça comum" (Campos, 2018, p. 2). A instituição do júri é reconhecida constitucionalmente, tendo previsão no art. 5º, inciso XXXVIII, da Constituição Federal; foi inserida no rol de direitos e garantias individuais e coletivos, no intuito de "ressaltar a sua razão original, histórica, de ser uma defesa do cidadão contra as arbitrariedades dos representantes do poder, ao permitir a ele ser julgado por seus pares" (Campos, 2018, p. 2), colocando-se, assim, como instrumento de participação efetiva e direta do povo nas decisões.

O procedimento para o julgamento dos crimes de competência do Tribunal do Júri é dividido em duas fases – justamente por isso é denominado *bifásico*. A primeira fase é a instrução preliminar, prevista no Código de Processo Penal nos arts. 406 a 421. A segunda fase é destinada para o julgamento em plenário, disciplinada nos arts. 422 a 497 do Código de Processo Penal.

— 3.3.1 —
Competência

O Tribunal do Júri é competente para o julgamento dos crimes dolosos contra a vida. Tal competência está prevista no art. 5º, inciso XXXVIII, alínea "d", da Constituição Federal, e o respectivo procedimento é disciplinado nos arts. 406 a 497 do Código de Processo Penal.

Além de sua previsão constitucional, a competência vem elencada também no Código de Processo Penal:

> Art. 74. A competência pela natureza da infração será regulada pelas leis de organização judiciária, salvo a competência privativa do Tribunal do Júri.
>
> § 1º Compete ao Tribunal do Júri o julgamento dos crimes previstos nos arts. 121, §§ 1º e 2º, 122, parágrafo único, 123, 124, 125, 126 e 127 do Código Penal, consumados ou tentados.

Assim, a competência do Tribunal do Júri é para julgamento dos seguintes crimes dolosos contra a vida: homicídio, tanto na forma simples quanto na qualificada (art. 121, §§ 1º e 2º do Código Penal); induzimento, instigação ou auxílio a suicídio ou a automutilação (art. 122 do Código Penal); infanticídio (art. 123 do Código Penal); aborto provocado pela gestante ou com seu consentimento (art. 124 do Código Penal); aborto provocado por terceiro com ou sem o consentimento da gestante, bem como a forma qualificada (arts. 125, 126 e 127 do Código Penal).

Serão julgados os crimes ora mencionados tanto na **modalidade tentada**, ou seja, quando o tipo objetivo se realiza de maneira incompleta, não sendo realizado em sua totalidade por razões alheias à vontade do agente, conforme dispõe o art. 14, inciso II, do Código Penal, quanto na **modalidade consumada**, ou seja, "quando o autor realizou toda a conduta descrita no tipo de injusto" (Prado, 2017b, p. 291).

Assim, é possível verificar que constam somente os crimes previstos no rol de crimes dolosos contra a vida, tentados ou consumados, não sendo de competência aqueles que, mesmo tendo como resultado a morte, não estiverem elencados no Capítulo I "Dos crimes contra a vida".

Desse modo, não são de competência do Tribunal do Júri os crimes de latrocínio (art. 157, § 3º, II do Código Penal); extorsão mediante sequestro com resultado morte (art. 159, § 3º do Código Penal); estupro com resultado morte (art. 213, § 2º do Código Penal); estupro de vulnerável com resultado morte (art. 217-A,

§ 4º, do Código Penal); e todos os demais crimes que tenham resultado morte e que não estão descritos no rol dos crimes dolosos contra a vida.

Os crimes que têm como resultado a morte e que não são de competência do Tribunal do Júri devem ser julgados pela Vara Criminal, conforme o procedimento previsto no art. 394 do Código de Processo Penal.

É importante ressaltar que "a competência originária não impede que o Tribunal do Júri julgue esses delitos ou qualquer outro (tráfico de drogas, porte ilegal de arma, roubo, latrocínio etc.), desde que seja conexo com outro crime doloso contra a vida" (Lopes Júnior, 2017a, p. 786).

Para que ocorra a conexão, é necessário "sempre a prática de dois ou mais crimes", tendo ou não "pluralidade de agentes" (Lopes Júnior, 2017a, p. 293), com previsão no art. 76 do Código de Processo Penal:

> Art. 76. A competência será determinada pela conexão:
>
> I – se, ocorrendo duas ou mais infrações, houverem sido praticadas, ao mesmo tempo, por várias pessoas reunidas, ou por várias pessoas em concurso, embora diverso o tempo e o lugar, ou por várias pessoas, umas contra as outras;
>
> II – se, no mesmo caso, houverem sido umas praticadas para facilitar ou ocultar as outras, ou para conseguir impunidade ou vantagem em relação a qualquer delas;
>
> III – quando a prova de uma infração ou de qualquer de suas circunstâncias elementares influir na prova de outra infração.

Com a existência da conexão, agrupa-se tudo para julgamento *in simultaneus processus* (Lopes Júnior, 2020a), e assim será determinada a competência de julgamento. Nos casos de concurso que envolvam a competência do júri e a de outro órgão da jurisdição comum, prevalecerá a competência do júri, conforme determina o art. 78 do Código de Processo Penal.

— 3.3.2 —
Primeira fase do procedimento

O procedimento inicia-se a partir da pretensão acusatória, por ocasião do oferecimento da denúncia, quando o Ministério Público for titular da persecução penal nas ações de iniciativa pública condicionada ou incondicionada, ou pelo ofendido, apresentando a queixa, quando titular da ação de iniciativa privada.

Como vimos anteriormente, os crimes julgados pelo Tribunal do Júri se processam mediante ação penal pública incondicionada à representação, ou seja, a titularidade da persecução penal é do Ministério Público, independentemente de representação para os casos em que a vítima estiver viva.

Quando é possível iniciar o procedimento com a queixa, tratamos, especificamente, da hipótese do art. 29 do Código de Processo Penal, o qual admite ação privada nos crimes de ação pública se esta não for intentada no prazo legal previsto no art. 46 do Código de Processo Penal, ou seja, cabendo ao Ministério Público oferecer denúncia, contado da data que receber os autos do inquérito policial, de 5 dias para o réu que estiver solto e 15 dias para o réu que estiver preso.

Caso o Ministério Público não ofereça a denúncia no prazo legal, o ofendido ou seu representante legal (art. 31 do Código de Processo Penal) tem prazo decadencial de 6 meses para apresentar a peça denunciatória chamada de *queixa subsidiária da pública*.

A petição acusatória deve conter os requisitos presentes no art. 41 do Código de Processo Penal, quais sejam: a exposição do fato criminoso, com narrativa fiel aos acontecimentos, indicando todas as suas circunstâncias, demonstrando de forma minuciosa o fato delitivo, inclusive com a indicação de dia, hora e local onde a infração penal ocorreu, e descrevendo, no caso de coautoria ou de participação, a atuação de cada um dos réus de forma isolada; a qualificação do acusado ou, não sendo possível, a apresentação dos dados do acusado para serem inseridos na peça de pretensão acusatória, além de elementos físicos característicos para que ele possa ser identificado; e o crime cometido. Quando houver testemunhas do fato, elas devem ser indicadas na peça.

Com o oferecimento da denúncia ou a apresentação da queixa, os autos são encaminhados para o juiz competente para que ele verifique se o processo pode ser recebido, ou seja, se a pretensão acusatória preenche todos os requisitos e pressupostos, dando continuidade ao procedimento, ou se deve ser rejeitada.

A denúncia ou a queixa, conforme dispõe o art. 395 do Código de Processo Penal, será rejeitada quando: "I - for manifestamente inepta; II – faltar pressuposto processual ou condição para o exercício da ação penal; ou III – faltar justa causa para o exercício da ação penal".

Não sendo causa de rejeição da denúncia, consoante o que dispõe o art. 406 do Código de Processo Penal, o juiz, ao receber a denúncia ou a queixa, ordenará a citação do acusado para responder à acusação, por escrito, no prazo de 10 dias.

No que se refere à citação na primeira fase do Tribunal do Júri, esta deve observar as mesmas regras aplicáveis aos procedimentos comuns ordinário e sumário – pode ser realizada tanto na modalidade real quanto na modalidade ficta, a depender do caso e das necessidades, para dar regular andamento no procedimento.

O prazo de 10 dias para a apresentação de resposta à acusação deve ser contado a partir do momento em que o mandado de citação for cumprido pelo oficial de Justiça. Entretanto, quando se trata de citação realizada de maneira inválida ou quando a citação for realizada por edital, o prazo inicia-se a partir do momento em que o acusado ou seu defensor constituído comparecer em juízo (art. 406, § 1º, do Código de Processo Penal).

A resposta à acusação, conforme art. 406, parágrafo 2º do Código de Processo Penal, serve para o réu apresentar sua versão dos fatos, expondo toda a argumentação e teses jurídicas que forem de seu interesse, sendo também o momento oportuno para juntar aos autos documentos, justificações e requerer a produção de todas as provas em direito admitidas e que sejam necessárias para comprovar as teses arguidas. Podem ser apresentadas até o limite de 8 testemunhas, que devem ser arroladas já na peça defensiva (art. 406, § 3º, do Código de Processo Penal).

Tendo o réu apresentado alguma exceção prevista no art. 95 do Código de Processo Penal, ela será autuada em apartado (art. 407 do Código de Processo Penal).

Se o réu tiver sido citado de forma válida, mas não tenha constituído advogado para apresentar defesa, deixando transcorrer o prazo para a apresentação da peça defensiva, o juiz deve realizar a nomeação de um defensor dativo para apresentar a defesa técnica e pessoal do acusado. Nesse caso, o defensor tem prazo de 10 dias para a apresentação, contados de sua intimação de nomeação (art. 408 do Código de Processo Penal).

Após a apresentação da resposta à acusação, o juiz ouvirá o Ministério Público ou o querelante, no caso da ação penal privada subsidiária da pública, sobre preliminares e documentos, em 5 dias.

O contraditório e a ampla defesa asseguram que "é o direito de a defesa sempre falar após a acusação, ou seja, com verdadeira resistência ao ataque" (Lopes Júnior, 2017a, p. 788); ou seja, após o oferecimento da peça acusatória, a defesa tem o direito de responder, alegando tudo o que for de seu interesse, sendo, posteriormente designada nova audiência de instrução. Nesse sentido, a crítica feita por alguns doutrinadores acerca da possibilidade de vista ao Ministério Público para uma nova manifestação é no sentido de gerar "uma possibilidade de *réplica*, desiquilibrada" (Lopes Júnior, 2017a, p. 788).

Após a apresentação de manifestação sobre documentos e justificações por parte do Ministério Público, o juiz designa dia e hora para a realização da audiência de instrução e julgamento, ocasião em que também determina que as testemunhas sejam intimadas para comparecer, a fim de que possam ser ouvidas, bem como, caso tenham sido requeridas pelas partes, determina a realização das diligências, o que deve ocorrer no prazo máximo de 10 dias (art. 410 do Código de Processo Penal).

Na ocasião da audiência de instrução e julgamento, procede-se à tomada de declarações do ofendido – se possível, visto que pode ter ocorrido a morte do ofendido ou ele pode estar impossibilitado de comparecer em juízo em razão da prática do crime. E, em seguida, há inquirição das testemunhas – no limite de oito (art. 406, § 2º, do Código de Processo Penal) – arroladas pela acusação e pela defesa, nessa ordem.

Ainda, podem ser realizados os esclarecimentos do perito que tenha realizado a análise técnica do caso a ser apreciado pelo Juízo, mas deve ser previamente requerido pelas partes seu comparecimento para oitiva na audiência de instrução (art. 411, § 1º, de Código de Processo Penal); as acareações e o reconhecimento de pessoas e coisas; e, como último ato da audiência, interroga-se o acusado.

Encerrada a instrução, pode haver a *mutatio libelli*, prevista no art. 384 do Código de Processo Penal, o qual dispõe que, encerrada a instrução probatória, o Ministério Público, se entender cabível nova definição jurídica do fato em razão de ter sido juntada aos autos provas de novos elementos ou de circunstância da infração penal, pode aditar a denúncia ou a queixa (aqui se trata da ação penal privada subsidiária da pública), no prazo de 5 dias. Deve o defensor do acusado ser ouvido em 5 dias e, sendo admitido o aditamento, o juiz designará dia e hora para continuação da audiência (art. 384, § 2º, do Código de Processo Penal), podendo cada parte arrolar até três testemunhas para oitiva na nova audiência (art. 384, § 4º, do Código de Processo Penal).

Entretanto, não sendo o caso de *emendatio libeli*, a instrução será encerrada e o juiz abrirá prazo às partes para que possam realizar os debates orais, ou seja, é o momento em que as partes apresentarão as alegações finais orais, iniciadas, obrigatoriamente, pela acusação e, depois, pela defesa, com tempo igual para realização. O prazo concedido às partes será de 20 minutos, podendo ser prorrogado por mais 10 minutos (art. 411, § 4º, do Código de Processo Penal), lembrando que, havendo mais de um acusado, o prazo previsto na legislação será individual para cada um, a fim de oportunizar que seja realizada a defesa de forma efetiva (art. 411, § 5º, do Código de Processo Penal).

Se houver assistente técnico devidamente habilitado nos autos, tem ele a possibilidade de realizar os debates orais após a manifestação do Ministério Público, sendo concedidos 10 minutos, prorrogáveis por igual período. Após os debates orais, o juiz proferirá sua decisão, ou o fará em 10 dias (art. 411, § 9º, do Código de Processo Penal).

A previsão dada pelo Código de Processo Penal para a conclusão do procedimento é de 90 dias.

Decisões proferidas na primeira fase

A primeira fase do procedimento do Tribunal do Júri é finalizada com uma das quatro decisões, quais sejam: (1) pronúncia, (2) impronúncia, (3) desclassificação, (4) absolvição sumária.

Pronúncia

A decisão de pronúncia tem previsão legal no art. 413 do Código de Processo Penal e ocorrerá quando "o que o juiz afirma, com efeito, é a existência de provas no sentido da materialidade e da autoria" (Pacelli, 2011, p. 714), ou seja, para que haja a decisão de pronúncia, o juiz precisa estar certo da materialidade do crime, e a prova deve "ser segura quanto ao fato" (Pacelli, 2011, p. 714) e, com relação à autoria ou participação, deve haver indícios suficientes de autoria.

Para que haja a decisão de pronúncia, devem ser considerados os dois elementos: materialidade e indícios suficientes de autoria ou de participação, visto que "estes requisitos são cumulativos e na falta de um deles deverá haver a impronúncia" (Dezem, 2017, p. 944), diante do fato de não terem sido verificados pelo juiz competente, impedindo que o réu seja encaminhado para julgamento em plenário do Tribunal do Júri.

A pronúncia marca, assim, "o acolhimento provisório, por parte do juiz, da pretensão acusatória, determinando que o réu seja submetido ao julgamento do Tribunal do Júri" (Lopes Júnior, 2017a, p. 792), mas "é preciso considerar que a decisão de pronúncia somente deve revelar um juízo de probabilidade e não o de certeza" (Pacelli, 2011, p. 714).

Trata-se de uma decisão interlocutória mista, não terminativa, "com efeito de encerrar a fase procedimental bem delimitada (o sumário da culpa)" (Pacelli, 2011, p. 717), e não produz "coisa julgada material, na medida em que pode haver desclassificação para outro crime, quando do julgamento em plenário pelos jurados (Lopes Júnior, 2017a, p. 792), podendo ser impugnada por meio de recurso em sentido estrito (art. 581, IV, Código de Processo Penal).

A importância da decisão de pronúncia, única competente para encaminhar o réu para julgamento em plenário (segunda fase do Tribunal do Júri), é demarcar "os limites da acusação a ser deduzida em plenário" (Lopes Júnior, 2017a, p. 792), e nela deve constar "a narração do fato criminoso e as eventuais circunstâncias qualificadoras e causas de aumento constantes na denúncia [...] ou queixa [...]" (Lopes Júnior, 2017, p. 792).

A decisão proferida não é "o momento para a realização de juízos de certeza ou pleno convencimento" (Lopes Júnior, 2017a, p. 794), já que a certeza somente virá na segunda fase do procedimento pela decisão a ser tomada pelos jurados. Além disso, a decisão de pronúncia não pode conter a apresentação de juízo de valor sobre o caso, excessos e abusos na decisão, já que, quando preclusa a decisão, ela será encaminhada ao juiz presidente do Tribunal do Júri (art. 421 do Código de Processo Penal), que a entregará aos jurados para leitura no dia da sessão em plenário.

O que se pretende "é assegurar a máxima originalidade do julgamento feito pelos jurados, para que decidam com independência, minimizando a influência dos argumentos e juízos de (des)valor" (Lopes Júnior, 2017a, p. 794), visto que a decisão proferida pode gerar enormes prejuízos para a defesa.

Impronúncia

Diferentemente da decisão de pronúncia, em que há certeza quanto à materialidade e indícios suficientes de autoria ou participação, na decisão de impronúncia o juiz não se convence de um ou de ambos os elementos, impronunciando o acusado.

Prevista no art. 414 do Código de Processo Penal, é "proferida quando, apesar da instrução, não lograr o acusador demonstrar a verossimilhança da tese acusatória" (Lopes Júnior, 2017a, p. 802).

Trata-se de decisão terminativa, considerando que encerra o processo, mas sem julgamento de mérito, ou seja, a decisão finaliza o processo sem condenar ou absolver, e em razão disso pode ser atacada mediante recurso de apelação, na forma do art. 416 do Código de Processo Penal.

Entretanto, em que pese o julgador não se convencer de indícios de autoria e materialidade, não enseja a absolvição do acusado, considerando que "o processo pode ser reaberto a qualquer tempo" (Lopes Júnior, 2017a, p. 802), desde que seja fundamentada em nova prova e que não esteja extinta a punibilidade do réu (art. 414, § único, do Código de Processo Penal).

Desclassificação

A desclassificação ocorrerá, na forma do art. 417 do Código de Processo Penal, quando o juiz se convencer, em discordância com a acusação, da existência de crime diverso dos referidos no art. 74, parágrafo 1º, do Código de Processo Penal e não for competente para o julgamento, remetendo os autos para julgamento do juiz competente para a análise do caso, ficando o acusado à disposição do outro juiz.

Finalizada a instrução, pode o juiz concordar ou não com a classificação da peça denunciatória, a qual se apresenta de duas formas: (1) própria; (2) imprópria.

A **desclassificação própria** é aquela em que "o juiz reconhece a existência de crime diverso dos crimes dolosos contra a vida", devendo "então, remeter os autos ao juiz competente" (Pacelli, 2011, p. 710). No caso da existência de crime conexo, "segue o prevalente, logo, vai para o juiz singular também, pois não cabe ao juiz presidente do júri julgar o conexo naquele momento" (Lopes Júnior, 2017a, p. 809).

Nesse caso, o recurso cabível para atacar a decisão proferida é o recurso em sentido estrito, previsto no art. 581, inciso II, do Código de Processo Penal.

Já a **desclassificação imprópria** é aquela "que modifica a qualificação do crime, mas mantêm a competência do júri" (Rosa, 2019, p. 560), e, "como o novo crime continua na esfera de competência do Tribunal do Júri, o juiz presidente desclassifica, mas pronuncia" (Lopes Júnior, 2017a, p. 809).

Para o caso de desclassificação imprópria, cabe o recurso em sentido estrito, na forma do art. 581, inciso IV, do Código de Processo Penal.

Cumpre ressaltar que é possível que a desclassificação ocorra também na segunda fase do Tribunal do Júri, sendo realizada pelos jurados no momento das respostas aos quesitos formulados.

Absolvição sumária

Na primeira fase do Tribunal do Júri, pode ser o caso de o juiz proferir a decisão de absolvição sumária, que é "uma verdadeira sentença, com análise de mérito" (Lopes Júnior, 2017a, p. 805).

A absolvição sumária ocorre, na forma do art. 415, inciso I, do Código de Processo Penal, quando ficar provada a inexistência do fato, ou seja, "verifica-se que o fato não existiu. Vale dizer, o acusado consegue demonstrar que os fatos descritos na denúncia não existiram (Dezem, 2017, p. 955).

Pode ocorrer também quando ficar provado não ser o acusado autor ou partícipe do fato (art. 415, II, do Código de Processo Penal). Nessa ocasião, verifica-se a ocorrência do fato, porém o acusado não é autor ou partícipe do crime que foi cometido.

As hipóteses elencadas representam situação "que exige prova robusta, que conduza ao pleno convencimento do juiz de que o fato não existiu [...] ou de que o réu não é autor ou partícipe", e "a exigência é de convencimento e não de dúvida do magistrado" (Lopes Júnior, 2017a, p. 805).

Ainda, se o fato não constituir infração penal (art. 415, III, do Código de Processo Penal), o que "significa dizer que o fato é atípico" (Lopes Júnior, 2017a, p. 805), pode ocorrer a absolvição sumária.

Como última hipótese, quando demonstrada causa de isenção de pena ou de exclusão do crime (art. 415, IV, do Código de Processo Penal), há a possibilidade de absolvição "quando estiver demonstrada a presença de qualquer causa de exclusão da ilicitude ou da culpabilidade" (Lopes Júnior, 2017a, p. 805).

— 3.3.3 —
Segunda fase do procedimento

Proferida e preclusa a decisão de pronúncia, os autos serão encaminhados ao juiz-presidente do Tribunal do Júri (art. 421 do Código de Processo Penal), que, ao recebê-la, determinará a intimação das partes.

A intimação deve ser realizada ao Ministério Público ou ao querelante, no caso de ter sido apresentada queixa subsidiária pelo ofendido (nas hipóteses em que for possível, pois o procedimento é realizado para os crimes dolosos contra a vida), ou então ao representante legal, devendo ser intimado também o defensor do acusado, para que, em 5 dias, possam as partes (Ministério Público e defesa) indicar as testemunhas, até o limite de cinco, que serão ouvidas no plenário do Tribunal do Júri, bem como juntar documentos que julgarem necessários para o julgamento do caso penal e requerer diligências.

Após a apresentação de manifestação pelas partes, o juiz delibera quanto aos requerimentos de diligências formulados pelas partes, se tiverem sido realizados, e sobre as provas que tiverem sido produzidas e exibidas no plenário do júri (art. 423, *caput*, do Código de Processo Penal).

Diferentemente do procedimento comum, em que é possível a juntada de documentos a qualquer momento no processo, no procedimento especial do Tribunal do Júri, os documentos devem ser juntados quando ocorrer a intimação pelo juiz-presidente do Tribunal do Júri, quando este realizar o recebimento dos autos, após a decisão de pronúncia. Entretanto, havendo a necessidade de juntada de novos documentos ou de exibição um objeto durante a sessão em plenário, devem as partes realizar a juntada com antecedência mínima de 3 dias úteis antes da sessão, a fim de seja possível dar ciência à outra parte (art. 479 do Código de Processo Penal). A juntada que não obedecer ao prazo previsto em lei enseja a nulidade do julgamento.

Após a manifestação, sendo o caso de requerimento realizado pelas partes, o juiz "ordenará as diligências necessárias para sanar qualquer nulidade ou esclarecer fato que interesse ao julgamento da causa" (art. 423, I, do Código de Processo Penal), bem como "fará relatório sucinto do processo, determinando sua inclusão em pauta da reunião do Tribunal do Júri" (art. 423, I, do Código de Processo Penal).

Determinada a inclusão do processo em pauta, deve ser obedecida a seguinte ordem de preferência prevista em lei: têm preferência os acusados presos, dentre aqueles que estiverem presos, aqueles que estiverem há mais tempo presos, e os que forem primeiramente pronunciados (art. 429 do Código de Processo Penal).

Ainda, "antes do dia designado para o primeiro julgamento da reunião periódica, será afixada na porta do edifício do Tribunal do Júri a lista dos processos a serem julgados", devendo ser obedecida a ordem de preferência de julgamento (art. 429, § 1º, do Código de Processo Penal).

Como os crimes julgados pelo Tribunal do Júri são de ação penal pública, há possibilidade de participação do assistente. Entretanto, para que ele possa participar do julgamento em plenário, deve realizar requerimento de habilitação ao juiz-presidente com antecedência mínima de 5 dias antes da sessão (art. 430 do Código de Processo Penal).

Se o processo estiver em ordem, o juiz-presidente intimará as partes para a sessão de instrução e julgamento em plenário (art. 431 do Código de Processo Penal).

Após a organização da pauta, é necessário realizar o sorteio dos jurados que participarão da sessão de instrução e julgamento em plenário do Tribunal do Júri, ocasião em que o juiz realizará a intimação do "Ministério Público, da Ordem dos Advogados do Brasil e da Defensoria Pública para acompanharem, em dia e hora designados, o sorteio dos jurados que atuarão na reunião periódica" (art. 432 do Código de Processo Penal).

O sorteio, que é presidido pelo juiz-presidente, deve ser realizado entre o 15º e o 10º dia útil antecedente à instalação da reunião (art. 433, § 1º do Código de Processo Penal) e de forma pública, cabendo a ele sortear o número de 25 jurados (art. 433, *caput*, do Código de Processo Penal), que "serão convocados pelo correio ou por qualquer outro meio hábil para comparecer no dia e hora designados para a reunião" (art. 433, § 3º, do Código de Processo Penal).

O não comparecimento das partes na audiência de sorteio não a adiará (art. 433, § 2,º do Código de Processo Penal). Além disso, após o sorteio, a relação com o nome dos jurados deve ser afixada na porta do Tribunal do Júri (art. 435 do Código de Processo Penal).

Formação do conselho de sentença

O Tribunal do Júri é formado "por 1 (um) juiz togado, seu presidente e por 25 (vinte e cinco) jurados que serão sorteados dentre os alistados, 7 (sete) dos quais constituirão o Conselho de Sentença em cada sessão de julgamento" (art. 447, *caput*, do Código de Processo Penal).

Para que o juiz-presidente instale a sessão em plenário, é preciso que tenham comparecido no mínimo 15 jurados; se isso ocorrer, o juiz anunciará que o processo será submetido a julgamento (art. 463, *caput*, do Código de Processo Penal).

Para a formação do conselho de sentença, dentre os jurados anteriormente sorteados, são impedidos de servir no mesmo conselho: "I – marido e mulher; II – ascendente e descendente; III – sogro e genro ou nora; IV – irmãos e cunhados, durante o cunhadio; V – tio e sobrinho; VI – padrasto, madrasta ou enteado" (art. 448, *caput* e § 1º, do Código de Processo Penal).

Caso tenham sido sorteados dois jurados que se enquadrem nas hipóteses de impedimento, permanecerá para o julgamento aquele que for sorteado primeiro (art. 450 do Código de Processo Penal). Aqueles que forem "excluídos por impedimento, suspeição ou incompatibilidade serão considerados para a constituição do número legal exigível para a realização da sessão" (art. 451 do Código de Processo Penal).

Não pode, ainda, servir o jurado que:

> I – tiver funcionado em julgamento anterior do mesmo processo, independentemente da causa determinante do julgamento posterior;
>
> II – no caso do concurso de pessoas, houver integrado o Conselho de Sentença que julgou o outro acusado;
>
> III – tiver manifestado prévia disposição para condenar ou absolver o acusado. (art. 449 do Código de Processo Penal)

Conforme o juiz-presidente for sorteando as cédulas, o nome do jurado será lido em voz alta, para que a defesa e o Ministério Público possam verificar se têm interesse em recusar o jurado sorteado. Lembramos que a recusa imotivada é de até três jurados para cada parte (Ministério Público e defesa) (art. 468, *caput*, do Código de Processo Penal). Quando um jurado é excluído daquela sessão, é dada continuidade ao sorteio para a formação do conselho de sentença com os jurados remanescentes (art. 469, § único, do Código de Processo Penal).

No caso de dois ou mais acusados, com diferentes procuradores, as recusas podem ser realizadas por um só defensor (art. 469, *caput*, do Código de Processo Penal).

Ressaltamos que "o mesmo Conselho de Sentença poderá conhecer de mais de um processo, no mesmo dia, se as partes o aceitarem, hipótese em que seus integrantes deverão prestar novo compromisso" (art. 452 do Código de Processo Penal).

Segundo dispõe o art. 454 do Código de Processo Penal: "Até o momento de abertura dos trabalhos da sessão, o juiz presidente decidirá os casos de isenção e dispensa de jurados e o pedido de adiamento de julgamento, mandando consignar em ata as deliberações".

É possível que a sessão não ocorra em razão da ausência de alguma parte, mas nem todas as partes que não comparecem ensejam o adiamento da sessão. Se o Ministério Público não comparecer, o juiz-presidente determinará o adiamento da sessão para o primeiro dia desimpedido da mesma reunião, devendo cientificar as partes e as testemunhas (art. 455 do Código de Processo Penal). Caso a ausência do membro do Ministério Público não tenha sido justificada, deve ser comunicada ao procurador-geral de Justiça, que terá ciência da nova data para a sessão (art. 455, § único, do Código de Processo Penal).

Diante de não comparecimento do advogado do acusado e se outro não for constituído, a ausência deve ser comunicada ao presidente da seccional da Ordem dos Advogados do Brasil (OAB), sendo marcada nova data para julgamento (art. 456, *caput*, Código de Processo Penal). Não havendo escusa legítima para a ausência, o julgamento é adiado apenas uma vez, e "o juiz intimará a Defensoria Pública para o novo julgamento, que será adiado para o primeiro dia desimpedido, observado o prazo mínimo de 10 (dez) dias" (art. 456, §§ 1º e 2º, do Código de Processo Penal).

Destacamos que "o julgamento não será adiado pelo não comparecimento do acusado solto, do assistente ou do advogado do querelante, que tiver sido regularmente intimado" (art. 457, *caput* do Código de Processo Penal), entretanto, se a ausência é do réu preso que não foi conduzido, "o julgamento será adiado para o primeiro dia desimpedido da mesma reunião, salvo se houver pedido de dispensa de comparecimento subscrito por ele e seu defensor" (art. 457, § 2º, do Código de Processo Penal).

Com relação ao não comparecimento da testemunha, não haverá adiamento julgamento se não houver justificativa para a ausência, a qual é passível de multa de um a dez salários mínimos, a ser arbitrada pelo juiz, levando em consideração a condição econômica da testemunha (art. 458 do Código de Processo Penal).

Compromisso dos jurados

Formado o Conselho de Sentença e instalados os trabalhos no Tribunal do Júri, será dado início ao julgamento, mas antes deve ser realizado o compromisso dos jurados. Esse ato é realizado pelo juiz-presidente, o qual se levantará (e todos os presentes também devem levantar-se) e fará aos jurados a seguinte exortação: "Em nome da lei, concito-vos a examinar esta causa com imparcialidade e a proferir a vossa decisão de acordo com a vossa consciência e os ditames da justiça. Os jurados, nominalmente chamados pelo presidente, responderão: Assim o prometo" (art. 472 do Código de Processo Penal).

Em seguida, será entregue aos jurados cópia da pronúncia ou, se for o caso, tendo sido realizada a interposição de recurso da decisão de pronúncia, deverão ser entregues as decisões que julgaram pelo conhecimento do Tribunal do Júri para a análise e o julgamento do caso penal, bem como cópia do relatório do processo realizado pelo juiz-presidente (art. 472, *caput* e § único, do Código de Processo Penal).

Instrução

Prestados os compromissos pelos jurados, inicia-se a instrução em plenário, "quando o juiz presidente, o Ministério Público, o assistente, o querelante e o defensor do acusado tomarão, sucessiva e diretamente, as declarações do ofendido, se possível, e inquirirão as testemunhas arroladas pela acusação" (art. 473, *caput*, do Código de Processo Penal), e, por fim, procede-se ao interrogatório do acusado (art. 474 do Código de Processo Penal).

Durante o julgamento, conforme dispõe o art. 473, parágrafos 2º e 3º, do Código de Processo Penal:

> § 2º Os jurados poderão formular perguntas ao ofendido e às testemunhas, por intermédio do juiz presidente.
>
> § 3º As partes e os jurados poderão requerer acareações, reconhecimento de pessoas e coisas e esclarecimento dos peritos,

bem como a leitura de peças que se refiram, exclusivamente, às provas colhidas por carta precatória e às provas cautelares, antecipadas ou não repetíveis.

Debates orais

Encerrada a instrução, é concedida a palavra ao Ministério Público e, posteriormente, à defesa, para realizarem aos debates orais, os quais dispõem, cada um, de 1 hora e 30 minutos, e, no caso de réplica e tréplica, têm as partes 1 hora cada (art. 476 e 477, *caput*, do Código de Processo Penal). Se houver assistente de acusação, ele falará depois do Ministério Público (art. 476, § 1º, do Código de Processo Penal).

Se houver mais de um acusado, "o tempo para a acusação e a defesa será acrescido de 1 (uma) hora e elevado ao dobro o da réplica e da tréplica" (art. 477, § 2º, do Código de Processo Penal).

E quando há mais de um acusador ou defensor, eles devem combinar entre si a distribuição do tempo, que, na falta de acordo, será decidido pelo juiz (art. 477, § 1º, do Código de Processo Penal).

Durante os debates, as partes não podem fazer referência, conforme dispõe o art. 478 do Código de Processo Penal:

> I – à decisão de pronúncia, às decisões posteriores que julgaram admissível a acusação ou à determinação do uso de algemas como argumento de autoridade que beneficiem ou prejudiquem o acusado;
>
> II – ao silêncio do acusado ou à ausência de interrogatório por falta de requerimento, em seu prejuízo.

A menção de qualquer das hipóteses proibidas previstas em lei durante os debates orais enseja a nulidade do julgamento.

Votação e sentença

Finalizados os debates orais, os jurados são encaminhados para a sala de julgamento e questionados sobre a matéria de fato e se o acusado deve ser absolvido (art. 482 do Código de Processo Penal), e "os quesitos serão redigidos em proposições afirmativas, simples e distintas, de modo que cada um deles possa ser respondido com suficiente clareza e necessária precisão" (art. 482, § único, do Código de Processo Penal).

A resposta negativa de mais de três jurados a qualquer dos quesitos relativos à materialidade do fato ou à autoria ou à participação encerra a votação e implica a absolvição do acusado. No caso de resposta afirmativa a esses quesitos, posteriormente os jurados responderão sobre causa de diminuição de pena alegada pela defesa e circunstância qualificadora, ou causa de aumento de pena. Ressaltamos que as circunstâncias qualificadoras ou causas de aumento de pena, que serão submetidas ao crivo dos jurados na votação, devem ter sido identificadas na decisão de pronúncia ou nas decisões posteriores que existirem em virtude de interposição de recurso contra a decisão de pronúncia proferida.

Salientamos que, se houver mais de um crime ou mais de um acusado, os quesitos devem ser formulados em séries distintas (art. 483, § 6º, do Código de Processo Penal).

As respostas aos quesitos devem ser recolhidas em urnas separadas, uma para as cédulas correspondentes aos votos e outra para as cédulas não utilizadas, a fim de assegurar o sigilo das votações, conforme previsão constitucional (art. 487 do Código de Processo Penal).

Após a votação, "o presidente determinará que o escrivão registre no termo a votação de cada quesito, bem como o resultado do julgamento" (art. 488 do Código de Processo Penal), devendo o termo ser "assinado pelo presidente, pelos jurados e pelas partes" (art. 491 do Código de Processo Penal).

Se a votação dos jurados resultar na condenação do réu, o juiz-presidente deve elaborar a sentença, indicando a dosimetria da pena, em suas três fases, e decidir sobre a prisão do acusado, conforme o art. 492, inciso I, alínea "e", do Código de Processo Penal:

> e) mandará o acusado recolher-se ou recomendá-lo-á à prisão em que se encontra, se presentes os requisitos da prisão preventiva, ou, no caso de condenação a uma pena igual ou superior a 15 (quinze) anos de reclusão, determinará a execução provisória das penas, com expedição do mandado de prisão, se for o caso, sem prejuízo do conhecimento de recursos que vierem a ser interpostos;

Contudo, se o acusado for absolvido pelos jurados, o juiz-presidente, segundo o art. 492, inciso II, do Código de Processo Penal: "a) mandará colocar em liberdade o acusado se por outro motivo não estiver preso; b) revogará as medidas restritivas provisoriamente decretadas; c) imporá, se for o caso, a medida de segurança cabível".

Em qualquer uma das circunstâncias, tendo sido o réu condenado ou absolvido, o juiz-presidente, depois de elaborar a sentença, deve realizar a leitura dela em plenário para todos os presentes e, na sequência, encerrar a sessão em plenário, dando por julgado o caso penal.

— 3.4 —
Crimes praticados pelo funcionário público

O procedimento especial para julgamento dos crimes de responsabilidade do funcionário público, previsto nos arts. 513 a 518 do Código de Processo Penal, deve ser adotado sempre que o funcionário público cometer um crime contra a Administração Pública.

É importante destacar que, quando o legislador emprega a expressão *crime de responsabilidade*, "não está se referindo àquelas infrações políticas previstas na Constituição Federal para determinadas autoridades públicas" (Pacelli, 2011, p. 773). Para utilização do procedimento, deve o funcionário público ter praticado qualquer dos crimes previstos nos arts. 312 a 326 do Código Penal.

Para identificar quem se enquadra no referido procedimento, devemos entender, primeiramente, a quem se destina. Assim, o procedimento tem aplicação para o funcionário público, que é conceituado a partir da compreensão de função pública, "independente que seja de modo interino ou permanente, voluntário ou obrigatório, gratuito ou remunerado, resultante de eleição, nomeação, contrato ou simples situação de fato" (Prado, 2017a, p. 820), estando incluídos, dessa forma:

> não só os funcionários que desempenham cargos criados por lei, regularmente investidos e nomeados, remunerados pelos cofres públicos, como também os que exercem emprego público (contratados, mensalistas, tarefeiros, nomeados a título precário), e, ainda, todos os que de alguma forma exercem 'função pública'. (Fragoso, 1984, p. 877)

Nesse sentido, "o Código Penal adotou, portanto, um conceito unitário de funcionário público, que não opera distinções entre funcionário", sendo adotado um "conceito amplo de funcionário público", em razão da abrangência no conceito de Administração Pública "enquanto bem jurídico penal que [...] não se restringe apenas à função administrativa realizada pelo Estado, mas abarca a atividade estatal como um todo" (Prado, 2017a, p. 821).

Salientamos que o procedimento somente pode ser aplicado "quando o acusado estiver no exercício da função pública no momento em que recebida a inicial" (Avena, 2019, p. 765).

O entendimento mostra-se consolidado, inclusive pelo STF, ao revogar a Súmula n. 354 do STF, que estabelece que "cometido o crime durante o exercício funcional, prevalece a competência especial por prerrogativa de função, ainda que o inquérito ou a ação penal sejam iniciados após a cessação daquele exercício".

— 3.4.1 —
Procedimento

Além dos requisitos gerais do art. 41 do Código de Processo Penal, dispõe o mesmo código, em seu art. 513 que: "a queixa ou a denúncia será instruída com documentos ou justificação que façam presumir a existência do delito ou com declaração fundamentada da impossibilidade de apresentação de qualquer dessas provas".

Trata-se de "uma condição de procedibilidade, ou condição específica da ação" (Pacelli, 2011, p. 774), pois, na ocasião da criação do referido procedimento, "o fato decorria da proibição de instauração de inquérito policial contra funcionários públicos, reminiscência do antigo Código Criminal do Império" (Pacelli, 2011, p. 773) Em razão da gravidade e dos transtornos que poderia gerar uma ação penal para um funcionário público, com possíveis reflexos na Administração Pública, o legislador julgou ser necessário o máximo de provas possíveis para o oferecimento da peça denunciatória.

O art. 513 do Código de Processo Penal dispõe que o "processo e julgamento competirão aos juízes de direito", tanto estadual quanto federal, quando houver o enquadramento nas hipóteses do art. 109 da Constituição Federal, ou seja, não pode ser julgado e processado pelo Juizado Especial Criminal (Lopes Júnior, 2017a).

Muito se discute sobre a existência ou não da notificação para apresentação de defesa preliminar, considerando que a Lei n. 11.719, de 20 de junho de 2008 (Brasil, 2008b), alterou o Código de Processo Penal no que se refere aos procedimentos, não se referindo de forma direta ao procedimento dos crimes praticados pelo funcionário público contra Administração Pública, visto que, com a alteração, ocorreu uma ordinarização do procedimento, o que requer uma harmonização.

Entretanto, em que pesem as alterações realizadas pela já mencionada lei, diversos autores sustentam a necessidade de atendimento ao procedimento especial estabelecido no Código de Processo Penal, criando uma mescla entre os ritos, "oportunizando duas defesas escritas (em momentos e objetos distintos" (Lopes Júnior, 2017, p. 741), já que a primeira defesa busca a rejeição da denúncia, e a resposta à acusação busca diretamente a absolvição sumária do acusado, sendo, portanto, "mais benigna para o réu e não acarretará qualquer nulidade na medida em que a atipicidade processual não traz consigo a violação de um princípio constitucional" (Lopes Júnior, 2017a, p. 741).

Segundo dispõe o art. 514 do Código de Processo Penal, a defesa preliminar só teria cabimento quando o delito fosse afiançável. Aqui surgem algumas insurgências quanto à disposição do legislador, pois não há sentido qualquer forma de distinção entre os delitos afiançáveis ou não para fins de determinação do procedimento (Pacelli, 2019). Além disso, após o advento da Lei n. 11.719/2008, a partir do momento em que é adotado o procedimento, sempre deve ser realizada a notificação para apresentação de defesa preliminar (Lopes Júnior, 2017a).

Outra questão levantada acerca da apresentação de resposta preliminar é a disposição da Súmula n. 330 do STJ, ao estabelecer que "é desnecessária a resposta preliminar de que trata o art. 514 do Código de Processo Penal, na ação penal instruída por inquérito policial". Ressaltamos o equívoco trazido pela súmula de que, "com o inquérito ou sem ele, pensamos que a resposta preliminar é necessária", havendo, atualmente, o entendimento de que "constitui a nulidade absoluta (defeito processual insanável) a supressão dessa garantia procedimental" (Lopes Júnior, 2017a, p. 742).

Após a apresentação da resposta preliminar, o juiz deve verificar se não é causa de rejeição da denúncia ou da queixa, a qual, sendo recebida, configura motivo para que o juiz determine a citação do acusado para que responda à acusação. A partir desse momento, segue-se o procedimento ordinário, uma vez que é utilizado de maneira subsidiária a todos os demais procedimentos.

— 3.5 —
Crimes contra a honra

O procedimento especial dos crimes contra a honra está previsto nos arts. 519 a 523 do Código de Processo Penal, estando elencados no Capítulo III, que indica "Do processo e do julgamento dos crimes de calúnia e injúria, de competência de juiz singular". Em que pese a ausência de menção ao delito de difamação, ele também deve ser abarcado pelo procedimento, sendo a sua ausência um erro legislativo:

> trata-se de um erro legislativo histórico que remonta à ausência, o Código Penal de 1890, do crime de difamação (era uma espécie de injúria). Foi uma falha do legislador processual operar na lógica do Código Penal de 1890 sem considerar que também tramitava, em paralelo, o projeto do Código Penal de 1940, que tripartia os crimes contra a honra em calúnia, injúria e difamação. (Lopes Júnior, 2017a, p. 742)

A menção de "competência do juiz singular" está superada, visto que, na ocasião da elaboração do Código de Processo Penal, ainda "estava em vigor o Decreto n. 2.776/34 que previa" (Lopes Júnior, 2017a, p. 743) o julgamento dos crimes contra a honra praticados por meio de imprensa. Contudo, ressaltamos que "a Lei 5.250/67 foi declarada inconstitucional pelo STF no julgamento da Arguição de Descumprimento de Preceito Fundamental 130-7 DF" (Lopes Júnior, 2017a, p. 743) e, embora ainda exista o procedimento especial no Código de Processo Penal, "os crimes contra a honra, incluindo o de difamação, submetem-se ao rito sumaríssimo dos Juizados Especiais Criminais, constituindo infrações de menor potencial ofensivo" (Pacelli, 2011, p. 772).

Devemos lembrar que a competência do Juizado Especial Criminal é fixada em razão de a pena ser inferior a dois anos, "contudo, havendo concurso material entre calúnia e difamação e/ou injúria, será excedida a competência do JECrim [Juizado Especial Criminal], devendo o processo seguir o rito estabelecido no art. 519 e seguintes do CPP" (Lopes Júnior, 2017a, p. 743).

A diferença que ocorre quando é adotado o procedimento especial previsto no Código de Processo Penal é que, antes de receber a queixa, há uma audiência para as partes se reconciliarem, ocasião em que estas serão ouvidas separadamente, sem a presença de seus advogados, da qual não será lavrado termo (art. 520 do Código de Processo Penal). Segundo o entendimento do doutrinador Aury Lopes Júnior (2017a, p. 743), essa reconciliação deve ser "realizada na presença de seus advogados (aqui é necessária uma redefinição teórica à luz do art. 133 da Constituição Federal)".

No caso de não comparecimento injustificado do querelante na audiência, aplica-se o instituto da perempção previsto no art. 60, inciso III, do Código de Processo Penal. Por outro lado, se a ausência é do querelado, entende-se que ele não tem a intenção de se reconciliar, devendo ser dada continuidade normal ao procedimento.

Não sendo possível a reconciliação entre as partes, a queixa será recebida e o procedimento seguirá o rito ordinário.

Outra particularidade desse procedimento é a possibilidade de apresentação da chamada *exceção da verdade* ou *da notoriedade do fato imputado* (art. 523 do Código de Processo Penal), sendo cabível somente "nos crimes de calúnia (art. 138, § 3º do CP) e difamação (nessa última figura, somente é admitida a *exceptio veritatis* quando o ofendido é servidor público, e a ofensa é relativa ao exercício de suas funções – artigo 139, parágrafo único, do CP)" (Lopes Junior, 2017a, p. 744).

A peça deve ser interposta dentro do prazo de resposta escrita à acusação, não podendo ser apresentada em autos apartados. Posteriormente, ao querelante será concedido o prazo de 2 dias para contestar, momento em que ele pode arrolar testemunhas ou substituir aquelas anteriormente indicadas na queixa.

Assim, ao ser admitida a queixa, a prova é produzida em conjunto, ao final decidindo o juiz sobre a infração descrita na queixa e sobre a exceção da verdade (Rosa, 2019).

— 3.6 —
Juizado Especial de Violência Doméstica e Familiar contra a Mulher

Inicialmente, devemos destacar que a Lei n. 11.340, de 7 de agosto de 2006 (Brasil, 2006), não estabelece qualquer rito/procedimento a ser utilizado para apuração das infrações penais que sejam praticadas no âmbito doméstico e familiar contra a mulher. No entanto, há um conjunto de medidas a serem tomadas, inclusive, com a determinação de impossibilidade de uso do procedimento do Juizado Especial Criminal, e outras medidas para garantir os direitos da mulher que se encontra em situação de risco.

— 3.6.1 —
Criação da Lei n. 11.340/2006

A criação da Lei n. 11.340/2006, conhecida como *Lei Maria da Penha*, trouxe ao ordenamento jurídico uma nova noção ao processo tradicional brasileiro, que não se mostrava suficiente para erradicar a violência contra a mulher, contemplando, assim, mecanismos de proteção e promoção da pacificação social (Fernandes, 2015).

Essa lei representou grande avanço, uma vez que retirou a mulher da área de invisibilidade "e do silêncio a vítima de hostilidades ocorridas na privacidade do lar e representou movimento legislativo claro no sentido de assegurar às mulheres agredidas o acesso efetivo à reparação, à proteção e à Justiça" (STF, ADC n. 19/DF).

A lei é resultado de uma denúncia, formulada perante a Comissão Interamericana de Diretos Humanos (CIDH) contra o Estado brasileiro, a qual se alegava a negligência, a omissão e a tolerância no que se refere à violência contra a mulher. A denúncia partiu da professora universitária Maria da Penha, a qual, em duas oportunidades, foi vítima de tentativa de homicídio – na primeira, Maria da Penha ficou paraplégica em razão de um tiro, na segunda, foi vítima de afogamento e eletrocussão por parte de seu marido (STF, ADC n. 19/DF).

Assim, entendeu a CIDH que o Estado brasileiro era "responsável por ter falhado com o dever de observância das obrigações por ele assumidas", a fim "condenar todas as formas de violência contra a mulher, seja pelo insucesso em agir, seja pela tolerância com a violência" (STF, ADC n. 19/DF).

— 3.6.2 —
Constitucionalidade ou inconstitucionalidade?

Muito se questionou sobre a constitucionalidade da Lei n. 11.340/2006, ou de parte dos dispositivos constantes nela, visando impedir sua aplicação e eficácia, sob o argumento de que a referida "Lei havia criado a desigualdade na entidade familiar" e era uma afronta ao princípio da igualdade, pois somente fazia referência à mulher, tratando-se, portanto, de uma legislação totalmente discriminatória (Dias, 2015, p. 108).

Entretanto, a legislação foi criada como "ação afirmativa, buscando igualdade substantiva, decorrente do histórico desnível sociocultural que tanto gera distinção entre iguais" (Alferes; Gimenes; Alferes, 2016, p. 17).

A afirmativa destaca que, mesmo tendo a Constituição Federal de 1988 estabelecido, em seu art. 5º, inciso I, que todos são iguais perante a lei e que homens e mulheres são iguais em direitos e obrigações, a igualdade garantida constitucionalmente "não significa que aqueles devam ser tratados de forma igual nas normas legisladas", sendo um verdadeiro absurdo "impor os mesmos deveres e conferir os mesmo direitos a todos os indivíduos sem fazer qualquer distinção" (Kelsen, 1998, p. 154).

Ademais, se somente fosse considerada a igualdade formal, isso inviabilizaria qualquer ação afirmativa no intuito de proteger diversidades de gênero e não existiriam outros sistemas de proteção, como ao consumidor, ao idoso, à criança e ao adolescente etc. (STF, ADC n. 19/DF).

Não se desconhece a possibilidade de o homem ser vítima de violência doméstica, mas "a legislação não lhe dá maior ênfase ao prevenir e coibir, por se tratar da exceção, não da regra, como revelam dados estatísticos" (STF, ADC n. 19/DF). Além disso, para o caso de o homem sofrer violência doméstica, existe a aplicação geral do Código Penal, o qual já fornece proteção suficiente.

Dessa forma, sob esses argumentos, a Lei Maria da Penha teve reconhecida sua constitucionalidade.

— 3.6.3 —
Objeto da lei

A Lei n. 11.340/2006 foi elaborada com o objetivo de criar mecanismos, conforme dispõe seu art. 1º:

> para coibir e prevenir a violência doméstica e familiar contra a mulher, nos termos do § 8º do art. 226 da Constituição Federal, da Convenção sobre a Eliminação de Todas as Formas de Violência contra a Mulher, da Convenção Interamericana para Prevenir, Punir e Erradicar a Violência contra a Mulher e de outros tratados internacionais ratificados pela República Federativa do Brasil; dispõe sobre a criação dos Juizados de Violência Doméstica e Familiar contra a Mulher; e estabelece medidas de assistência e proteção às mulheres em situação de violência doméstica e familiar.

A Lei n. 11.340/2006 assegura às mulheres "as oportunidades e facilidades para viver sem violência, preservar sua saúde física e mental e seu aperfeiçoamento moral, intelectual e social" (art. 2º da Lei n. 11.340/2006). Isso porque a mulher é detentora de direitos e garantias fundamentais inerentes à pessoa humana, como o direito "à vida, à segurança, à saúde, à alimentação, à educação, à cultura, à moradia, ao acesso à justiça, ao esporte, ao lazer, ao trabalho, à cidadania, à liberdade, à dignidade, ao respeito e à convivência familiar e comunitária" (art. 3º da Lei n. 11.340/2006).

— 3.6.4 —
Competência

Os Juizados de Violência Doméstica e Familiar contra a Mulher têm competência cível e criminal. Aqui, daremos atenção à competência criminal exclusivamente, elencando as peculiaridades do procedimento.

A Lei n. 11.340/2006 dispõe, em seu art. 14, que "os Juizados de Violência Doméstica e Familiar contra a Mulher, órgãos da Justiça Ordinária com competência cível e criminal, poderão ser criados pela União, no Distrito Federal e nos Territórios, e pelos Estados, para o processo, o julgamento e a execução das causas decorrentes da prática de violência doméstica e familiar contra a mulher", ou seja, têm competência mista, cível e criminal.

A intenção do legislador "foi facilitar o acesso da vítima à Justiça, bem como otimizar e dar maior celeridade ao processo" (Habib, 2018, p. 1.137). Desse modo, ao mesmo tempo que o acusado é julgado por uma infração penal praticada, pode a vítima praticar atos de natureza cível também no que diz respeito ao direito de família, por exemplo.

No que se refere à competência, vale a menção ao art. 33 da Lei n. 11.340/2006, o qual dispõe que, onde ainda não estiverem estruturados os Juizados de Violência Doméstica e Familiar contra a Mulher, as Varas Criminais acumularão as competências cível e criminal para conhecer e julgar as causas decorrentes da prática de violência doméstica e familiar contra a mulher, fazendo a ressalva no parágrafo único do mesmo artigo de que, nesses casos, será garantido o direito de preferência de tramitação dos autos.

— 3.6.5 —
Procedimento

Em que pese a designação *Juizado Especial de Violência Doméstica e Familiar contra a Mulher,* ele não se confunde com o Juizado Especial Criminal, o qual tem por competência o julgamento das infrações penais de menor potencial ofensivo, ou seja, que apresentam pena inferir a dois anos. Trata-se aqui de Justiça especializada, que tem por competência julgar as infrações penais cometidas contra mulher em situações doméstica ou familiar.

Como mencionamos, a Lei n. 11.340/2006 não traz em seu conteúdo um rito a ser seguido, utilizando de maneira subsidiária o Código de Processo Penal para a adoção do rito adequado para a apuração da infração penal, sendo assim disposto no art. 13 da lei citada.

Assim, para apuração das infrações penais, adota-se o disposto no art. 394 do Código de Processo Penal, devendo ser analisados os critérios para a adoção do procedimento adequado, com a ressalva de que a Lei n. 11.340/2006, em seu art. 41, veda a aplicação da Lei n. 9.099/1995 (Juizados Especiais Criminais), independentemente da pena prevista.

Ao dispor sobre a impossibilidade de uso do procedimento dos Juizados Especiais Criminais, o legislador teve por intenção não reduzir a violência praticada contra a mulher a uma infração de menor potencial ofensivo, dada sua gravidade.

Dessa forma, caso haja o cometimento de uma infração de menor potencial ofensivo que seria de competência do Juizado Especial Criminal, além de o caso ser julgado na Vara especializada, no Juizado Especial de Violência Doméstica e Familiar contra a Mulher não há a possibilidade de adoção do procedimento sumaríssimo. Portanto, esses casos seguem o procedimento sumário. Para os demais crimes com pena superior a dois anos, deve ser analisado o critério de competência do art. 394 do Código de Processo Penal, tramitando no Juizado Especial de Violência Doméstica e Familiar contra a Mulher.

Os aspectos importantes relacionados à proibição e à impossibilidade de aplicação dos institutos despenalizadores, ou seja, fica inviabilizado o uso de composição civil dos danos, transação penal ou suspensão condicional do processo, em razão da Súmula n. 536 do STJ: "a suspensão condicional do processo e a transação penal não se aplicam na hipótese de delitos sujeitos ao rito da Lei Maria da Penha"[125].

Por fim, não se admite a lavratura de termo circunstanciado, sendo formalizada a ocorrência por inquérito policial. A autoridade policial, em casos de flagrância, deve realizar o auto de prisão em flagrante.

---

25 "AGRAVO REGIMENTAL NO AGRAVO EM RECURSO ESPECIAL. PENAL E PROCESSO PENAL. LESÃO CORPORAL CONTRA EX-NAMORADA. LEI MARIA DA PENHA. APLICAÇÃO DO SURSIS PROCESSUAL PREVISTO NA LEI N. 9.099/1995. IMPOSSIBILIDADE. SÚMULA N. 536 DO STJ. AGRAVO REGIMENTAL NÃO PROVIDO. 1. Independentemente da gravidade da infração penal, não é possível a aplicação do procedimento sumaríssimo, a fixação da competência dos Juizados Especiais Criminais, a concessão dos benefícios da transação penal e da suspensão condicional do processo, bem como de todos os demais institutos previstos na Lei n. 9.099/1990, aos crimes praticados com violência doméstica e familiar contra a mulher, nos termos do que dispõe a Súmula n. 536 do STJ. 2. Agravo regimental não provido." (STJ, AgRg no AREsp 853.692/SP)

Capítulo 4

*Decisões processuais penais
e coisa julgada*

Ao final de cada procedimento, a partir da sentença, seja ela absolutória, seja ela condenatória, esta passa a surtir efeitos. Sob a ótica "de um Estado Democrático de Direito, em que as decisões judiciais são construídas com a participação efetiva das partes", ocorre a imutabilidade da decisão judicial a fim de garantir segurança jurídica ao indivíduo em relação aos fatos apurados (Pacelli, 2011, p. 650).

— 4.1 —
Controle de constitucionalidade da norma

Na filosofia estoica, a definição de *justiça*, realizada por Ulpiano, apresenta "constante e perpétua vontade de dar a cada um o que é seu", inserindo nessa ideia de justiça "o hábito volitivo e intelectual de valoração, estimado de modo positivo e negativo", baseando-se a ideia de justiça em ética (Lopes Júnior, 2017a, p. 866).

Quando tratamos de direito, entrelaça-se a ele a justiça, sendo o direito e a justiça, muitas vezes, concebidos pela consciência social (Cavalieri Filho, 2002). Entretanto, para que possamos tratar de justiça, é necessário ter em mente que há um pressuposto de existência de direitos inerentes à pessoa, como, por exemplo, os direitos fundamentais[1] (Velasco, 2006), que equivalem a "vínculos substanciais que condicionam a validade substancial das normas produzidas no âmbito estatal" e, assim considerados, "norteiam o moderno Estado constitucional de Direito" (Sarlet, 2011, p. 71).

Portanto, "nessa perspectiva dos direitos fundamentais, a insuficiência ou injustiça de uma determinada lei [...] se mede pela sua adequação, pelo seu respeito a esses direitos inerentes à pessoa humana" (Velasco, 2006, p. 29).

Quando o tema é abordado, faz-se referência à *Diké*, a divindade grega que representa a justiça e a verdade do caso concreto. No início, sua figura era simbolizada com uma balança na mão esquerda, sendo, posteriormente, acrescentada a espada e a venda nos olhos com o desígnio de demonstrar a abstração da justiça (Lopes Júnior, 2017a).

Podemos entender que a justiça é um conceito aberto, englobando valores essenciais do ser humano, ao passo que o direito pode ser considerado uma intervenção humana, sendo um "conjunto de princípios e regras destinado a realizá-la" (Cavalieri Filho, 2002, p. 58).

Assim, diferentemente do que se imagina, o direito se efetiva pela atividade dos operadores do direito, e não pela lei, afinal "a lei não esgota o Direito, como a partitura não exaure a

---

1 Os direitos fundamentais seguem como evidência do Estado Democrático de Direito, passando a ser considerados fundamento principal e, como valores básicos, formam, juntamente dos princípios estruturais e organizacionais, um núcleo substancial (Sarlet, 2011).

música. Interpretar é recriar, pois as notas musicais, como os textos de lei, são processos técnicos de expressão, e não meios inextensíveis de exprimir" (Porto, 1996, p. 26).

Entretanto, devemos entender que o juiz é uma pessoa inserida no mundo quando se trata de tempo e contexto social, verificando-se o caráter antropológico das decisões, e sua compreensão não parte do zero, identificando-se a hermenêutica. Estando inserido em uma sociedade em que se buscam valores, identifica-se a psicanálise, destacando a necessidade de julgar outro sujeito "diante do *sentire* [...] e o faz através da linguagem" (Lopes Júnior, 2017a, p. 867).

No entanto, "depender da compreensão individual do critério de justiça sempre deságua em decisionismo", e deve(ria) o direito ter uma autonomia a fim de "impedir que cada um encontrasse a Justiça que mais defesa" (Rosa, 2019, p. 770). Nesse sentido, ainda que o processo de pensar envolva subjetividade, deve sempre dar "representatividade e realidade à justiça" (Lopes Júnior, 2017a, p. 868), a fim de que também possa exercer o Direito com fidelidade dentro de "conduta ética" (Pereira, 2001, p. 134).

— 4.2 —
Decisões: conceitos e elementos

Considerando que a decisão é humana, ainda que se pretenda trazer como tema atual a substituição de um juiz por um megacomputador, esse tema não se revela de modo otimista, pois, mesmo que exista o que chamamos de *inteligência artificial*, "a complexidade do cérebro humano consegue fazer ligações que a lógica linear e direta dos computadores não consegue". (Rosa, 2019, p. 771).

E sendo a decisão proferida pelo juiz, ela está suscetível a erros e ao abuso, devendo, assim, basear-se "em uma razão forte (*ratio decidendi*) que justifique o motivo (por quê?) irá intervir na liberdade e nos direitos do acusado" (Rosa, 2019, p. 771).

A determinação de fundamentação das decisões judiciais tem previsão no art. 93, inciso IX, da Constituição Federal (Brasil, 1988), que dispõe o seguinte:

> Art. 93. Lei complementar, de iniciativa do Supremo Tribunal Federal, disporá sobre o Estatuto da Magistratura, observados os seguintes princípios:
>
> IX – todos os julgamentos dos órgãos do Poder Judiciário serão públicos, e fundamentadas todas as decisões, sob pena de nulidade, podendo a lei limitar a presença, em determinados atos, às próprias partes e a seus advogados, ou somente a estes, em casos nos quais a preservação do direito à intimidade do interessado no sigilo não prejudique o interesse público à informação.

O motivo das decisões serve principalmente para controle de eficácia, bem como de atendimento aos direitos e às garantias fundamentais, como o contraditório e a ampla defesa, existindo motivos relevantes e suficientes para deixar de lado o princípio da presunção de inocência, devendo, portanto, as decisões judiciais – tanto as sentenças quanto as decisões interlocutórias – estar devidamente e suficientemente fundamentadas.

A necessidade de fundamentação das decisões judiciais surge porque "só a fundamentação permite avaliar se a racionalidade da decisão predominou sobre o poder, premissa fundante de um processo penal democrático" (Lopes Júnior, 2017a, p. 868), que pode ser entendido da seguinte forma:

> No modelo constitucional não se admite nenhuma imposição de pena. Sem que se produza a comissão de um delito; sem que ele esteja previamente tipificado por lei; sem que exista necessidade de sua proibição e punição; sem que os efeitos da conduta sejam lesivos para terceiros; sem o caráter exterior ou material da ação criminosa; sem a imputabilidade e culpabilidade do autor; e sem que tudo isso seja verificado por meio de uma prova empírica, levada pela acusação a um juiz imparcial em um processo público, contraditório, com amplitude de defesa e mediante um procedimento legalmente preestabelecido. (Lopes Júnior, 2017a, p. 868)

Assim, é necessário sempre demonstrar os fundamentos da decisão; não basta a mera transcrição de artigos e jurisprudência e, ao final, trazer a menção do termo "logo" (Rosa, 2019, p. 771). É necessário explicar e fundamentar os motivos que levaram à "conclusão sobre a autoria e a materialidade", uma vez que a "motivação sobre a matéria fática demonstra o saber que legitima o poder, pois a pena somente pode ser imposta a quem – racionalmente – pode ser considerado autor do fato criminoso imputado" (Lopes Júnior, 2017a, p. 869).

Afinal, o poder jurisdicional somente será autenticado quando houver "argumentos cognoscitivos seguros e válidos [...] submetidos ao contraditório e refutáveis", sendo a fundamentação necessária, pois constitui "instrumento de controle da racionalidade e, principalmente, de limite ao poder, e nisso reside o núcleo da garantia" (Lopes Júnior, 2017a, p. 869).

Portanto, o juiz tem a função, no Estado Democrático de Direito, de atuação constitucional, visando à concretude das garantias e dos direitos fundamentais do acusado, ainda que sua decisão esteja em sentido contrário à opinião pública.

— 4.2.1 —
Aspectos formais da decisão penal

Com os apontamentos iniciais sobre a decisão judicial e sua complexidade, passamos a verificar seus aspectos formais de classificação. Os atos decisórios são classificados em: despacho de mero expediente; decisões interlocutórias simples; decisões interlocutórias mistas; e sentenças.

São considerados **despachos de mero expediente** aqueles "meramente ordenatórios", ou seja, não trazem decisão sobre o mérito (Lopes Júnior, 2017a, p. 882). O objetivo é dar andamento ao procedimento, realizando as várias etapas que o compõem. Como não acarretam prejuízos para partes nem apresentam carga decisória, são irrecorríveis (Avena, 2019).

Cumpre mencionar que "se, em vez de por ordem aos atos do processo, os despachos exarados pelo juiz importarem em inversão na ordem desses atos, provocando tumulto processual, surge o fenômeno chamado de inversão tumultuária", sendo passível de correição que "não possui natureza recursal, mas sim de uma medida de caráter administrativo-disciplinar oponível contra atos de magistrado praticados por *error in procedendo* (erro de procedimento) ou abuso de poder" (Avena, 2019, p. 1.135).

As **decisões interlocutórias simples** têm, ainda que minimamente, caráter decisório, podendo gerar prejuízos para as partes: "resolvem incidentes processuais ou questões atinentes à regularidade do processo, sem extinguir o procedimento ou uma de suas etapas" (Avena, 2019, p. 1.133). Via de regra, não são impugnáveis, a não ser que exista dispositivo legal expresso sobre a possibilidade, mas é sempre admitida a utilização de ações autônomas de impugnação (Lopes Junior, 2017a), como o *habeas corpus* e o mandado de segurança. Aqui, citamos como exemplos a decretação de prisão preventiva e a decisão que recebe a denúncia ou a queixa, bem como a que decide sobre a habilitação do assistente de acusação.

Já as **decisões interlocutórias mistas** são classificadas como decisão com força de definitiva, podendo gerar prejuízos para as partes. Encerram "o processo sem julgamento de mérito ou finalizam uma etapa do procedimento, por isso podem ser terminativas ou não" (Lopes Júnior, 2017a, p. 882), sendo recorríveis por meio de recurso em sentido estrito, como, por exemplo, a decisão que rejeita a denúncia ou a queixa, a decisão de pronúncia (não terminativa). Também podem ser recorríveis por meio de apelação, como no caso da decisão de impronúncia (decisão terminativa de mérito).

Por fim, as **sentenças** são um "ato jurisdicional que põe termo ao processo em primeiro grau de jurisdição" (Misaka, 2014, p. 17), julgando em definitivo o mérito em relação a determinada infração penal e indicando a existência da materialidade, bem como a autoria (Pacelli, 2011).

A sentença pode ser considerada um "ato jurisdicional por antonomásia, uma resolução judicial paradigmática, à qual se encaminha todo o processo", e somente ela "resolve com plenitude, acerca do objeto do processo penal" (Lopes Júnior, 2017a, p. 883).

São requisitos das sentenças, independentemente de serem absolutórias ou condenatórias, na forma do art. 381 do Código de Processo Penal, Decreto-Lei n. 3.689, de 3 de outubro de 1941 (Brasil, 1941):

> I – os nomes das partes ou, quando não possível, as indicações necessárias para identificá-las;
>
> II – a exposição sucinta da acusação e da defesa;
>
> III – a indicação dos motivos de fato e de direito em que se fundar a decisão;
>
> IV – a indicação dos artigos de lei aplicados;
>
> V – o dispositivo;
>
> VI – a data e a assinatura do juiz.

— 4.2.2 —
Sentença condenatória

Quando aludimos à *sentença*, referimo-nos ao sentido estrito, podendo ser: condenatória ou absolutória (sumária, própria ou imprópria).

A sentença condenatória é aquela que acolhe a pretensão acusatória formulada na denúncia ou na queixa, julgando procedente a pretensão punitiva, de forma total ou parcial, impondo ao réu a natureza de condenado (Marcão, 2018). Para que seja proferido esse tipo de sentença, deve haver plena comprovação do fato delitivo, não sendo suficiente mero juízo de possibilidade (Avena, 2019).

A sentença condenatória tem previsão legal disposta no art. 387 do Código de Processo Penal. Seus efeitos penais são: principais ou primários e reflexos ou secundários; já os efeitos extrapenais são divididos em: obrigatórios e genéricos ou específicos.

Efeitos

Os **efeitos penais** da sentença condenatória, que são os principais ou primários, dizem respeito à aplicação da pena, podendo ser privativa de liberdade, restritiva de direito ou pena de multa. O nome do réu é inserido no rol dos culpados, que é o "registro efetivado no livro cartorário destinado ao nome do condenado, à sua qualificação e à referência ao processo em que se operou a condenação" (Avena, 2019, p. 1.151), devendo a inserção ocorrer somente após o trânsito em julgado da sentença penal condenatória, tendo em vista o princípio da presunção de inocência previsto no art. 5º, inciso LVII, da Constituição Federal, que dispõe que ninguém será considerado culpado até o trânsito em julgado de sentença penal condenatória. Portanto, o nome do réu não pode ser inserido no respectivo rol antes da sentença condenatória.

No que se refere à execução provisória da pena, houve vários momentos históricos de decisões no Supremo Tribunal Federal (STF), entretanto, ao julgar as ADCs de n. 43, 44 e 54, todas de relatoria do Ministro Marco Aurélio, foi decidido que o cumprimento da pena somente pode ter início ao se esgotarem todos os recursos. A decisão teve por base a fundamentação de que ninguém será preso senão nas situações de flagrância ou por decisão judicial fundamentada, no curso tanto da investigação quanto do processo penal, em razão do princípio da presunção de inocência, bem como em razão de não ser possível embasar as decisões emanadas pelo Poder Judiciário no clamor.

Ainda, pode a sentença penal surtir efeitos reflexos ou secundários, ou seja, a sentença penal produz efeito em outra relação jurídica, como, por exemplo, a reincidência, que surte efeito quando o agente comete novo crime, depois de transitar em julgado a sentença, mas dentro do prazo de 5 anos, que, no país ou no estrangeiro, tenha-o condenado por crime anterior Além disso, há a possibilidade de regressão de regime quando o agente é condenado em outro processo antes ou durante a execução da pena (Avena, 2019, p. 1.152).

Com relação aos **efeitos extrapenais**, há os efeitos obrigatórios e genéricos. Trata-se de efeitos vinculativos, independentemente de declaração pelo juiz ou de aceite do réu, e estão previstos no art. 91 do Código Penal, Decreto-Lei n. 2.848, de 7 de dezembro de 1940 (Brasil, 1940). O primeiro deles é "Tornar certa a obrigação de indenizar o dano causado pelo crime" (art. 91, I, do Código Penal). Nessa hipótese, a sentença penal condenatória assume a característica de título executivo judicial (art. 515, VI, do Código de Processo Civil), sendo necessária a liquidação no juízo cível a fim de apurar o valor a ser indenizado. Tal título pode ser executado tanto pela vítima quanto pelos seus herdeiros, conforme dispõe o art. 63 do Código de Processo Penal.

A partir do advento da Lei n. 11.719, de 20 de junho de 2008 (Brasil, 2008b), o juiz criminal pode, na sentença penal condenatória, fixar valor mínimo para a indenização (art. 387, IV, do Código de Processo Penal). Na hipótese do inciso II do art. 91 do Código Penal, que trata da "perda em favor da União, ressalvado o direito do lesado ou de terceiro de boa-fé", não basta que se trate apenas instrumento do crime, visto que a alínea "a" dispõe que a perda somente dos instrumentos do crime ocorre quando a fabricação, a alienação, o uso, o porte ou a detenção dessa coisa constitua fato ilícito. Já a alínea "b" apresenta a possibilidade de, também, ser perdido o produto do crime ou qualquer outro bem ou valor que constitua proveito auferido pelo agente com a prática do fato criminoso.

Ainda, em atenção aos efeitos extrapenais, há a existência dos efeitos específicos, previstos no art. 92 do Código Penal; e os efeitos aqui abordados "têm apenas caráter preventivo, assegurando a eficácia da reprimenda principal, prevenindo a reincidência" (Cunha, 2018, p. 286).

O art. 92, inciso I, do Código Penal, que também trata dos efeitos da condenação, indica outro efeito: "a perda de cargo, função pública ou mandato eletivo". Os dois primeiros têm caráter administrativo e, conforme o parágrafo único do art. 92 do Código Penal, não são automáticos e devem ser declarados na sentença, ficando a cargo do magistrado o exame do caso concreto e a verificação "se o crime foi praticado com abuso ou violação de dever funcional, decidindo, motivadamente, sobre a conveniência para a Administração Pública de permanecer o agente vinculado aos seus quadros" (Cunha, 2018, p. 286).

No que se refere à perda do mandato eletivo, trata-se de hipótese de natureza política:

> Com o advento da Constituição Federal de 1988, mais precisamente em face do disposto no seu artigo 15, inciso III, a perda do mandato eletivo já não mais se submete às regras do Código Penal, sendo consequência de toda e qualquer condenação criminal transitada em julgado, mesmo que não declarada expressamente na sentença. (Cunha, 2018, p. 287)

Outro efeito extrapenal da condenação é a "incapacidade para o exercício do poder familiar, da tutela ou da curatela nos crimes dolosos sujeitos à pena de reclusão cometidos contra outrem igualmente titular do mesmo poder familiar, contra filho, filha ou outro descendente ou contra tutelado ou curatelado" (art. 92, II, do Código Penal). Antes era apenas considerada a hipótese de crime doloso praticado contra o filho, tutelado ou curatelado. Contudo, a partir da entrada em vigor da Lei n. 13.715, de 24 de setembro de 2018 (Brasil, 2018a), o alcance da disposição legal foi ampliado, passando a considerar, para além da hipótese do crime doloso, "também os condenados por esta mesma ordem de infração quando cometida contra outrem igualmente titular do mesmo poder familiar e contra outro descendente (além dos próprios filhos)" (Avena, 2019, p. 1.162).

Ainda como efeito extrapenal temos "a inabilitação para dirigir veículo, quando utilizado como meio para a prática de crime doloso" (art. 92, III, do Código Penal). O efeito que aqui se aplica é somente para os casos em que o veículo for utilizado como meio para prática do crime doloso, sendo irrelevante o fato de o sujeito ter habilitação (Avena, 2019).

É importante ressaltar que a sentença penal condenatória deve ser aplicada sendo observado o sistema trifásico de aplicação da pena, iniciando pela fixação da pena base, em seguida, analisando as circunstâncias agravantes e atenuantes e, por último, realizando análise das causas de aumento e de diminuição de pena.

Além disso, deve o juiz decidir "sobre a manutenção ou, se for o caso, a imposição de prisão preventiva ou de outra medida cautelar, sem prejuízo do conhecimento de apelação que vier a ser interposta" (art. 387, § 1º, do Código de Processo Penal).

Por fim, deve ser considerado que "o tempo de prisão provisória, de prisão administrativa ou de internação, no Brasil ou no estrangeiro, será computado para fins de determinação do regime inicial de pena privativa de liberdade", conhecido como *detração penal* (art. 387, § 2º, do Código de Processo Penal).

— 4.2.3 —
Sentença absolutória

A sentença absolutória pode ser dividida em três espécies: sumária, própria ou imprópria, sobre as quais veremos mais detalhes a seguir.

Absolvição sumária

A sentença de absolvição sumária tem previsão legal no art. 397 do Código de Processo Penal, que permite que o juiz absolva sumariamente o acusado, logo após a apresentação da resposta à acusação, ou seja, antes da realização da audiência de instrução e julgamento.

Em virtude de ser proferida de forma antecipada, "por se fundar ou em questões unicamente de direito, ou em matéria já suficientemente provada" (Pacelli, 2019, p. 879), é que esse tipo de sentença recebe a denominação de *sumária*.

O juiz pode absolver sumariamente o réu nas seguintes hipóteses: existência manifesta de causa excludente da ilicitude do fato; existência manifesta de causa excludente da culpabilidade do agente, salvo inimputabilidade.

Na existência manifesta de causa excludente da ilicitude do fato, as causas excludentes de ilicitude estão previstas no art. 23 do Código Penal, não havendo crime quando o agente praticar o fato em: "I – em estado de necessidade; II – em legítima defesa; III – em estrito cumprimento de dever legal ou no exercício regular de direito".

Na existência manifesta de causa excludente da culpabilidade do agente, salvo inimputabilidade, a culpabilidade pode ser entendida como o juízo de reprovação pessoal "contra o agente do fato fundamenta-se na não omissão da ação contrária ao Direito ainda e quando podia havê-la omitido, pois dele se espera uma motivação concorde com a norma legal" (Bitencourt, 2019, p. 464).

O Código Penal prevê como causa de exclusão da culpabilidade a coação irresistível e a obediência hierárquica, previstas no art 22, bem como o aborto, quando a gravidez é resultante de estupro (art. 28, II), visto que não é plausível que se deva exigir que a gestante que sofreu violência sexual dê continuidade na gravidez e, sendo optado pelo aborto, em que pese o fato continuar sendo ilícito e estar tipificado no Código Penal, ele não será culpável (Rangel, 2019, p. 565).

Ainda ocorre a absolvição quando o fato narrado não constituir crime. De acordo com os ensinamentos de Choukr (2014, p. 782), "como em inúmeras outras passagens do Código de Processo Penal, a vagueza terminológica deixa ao critério do operador do direito no caso concreto preencher um conteúdo em si indeterminado".

Entretanto, aqui devemos considerar que se trata "da hipótese de atipicidade da conduta" (Avena, 2019, p. 727), como, por exemplo, um "denunciado por estelionato sob a modalidade de emissão de cheque sem suficiente provisão de fundos, demonstra o acusado em sua resposta que o cheque emitido foi pré-datado, o que descaracteriza o crime do art. 171, § 2º, VI, do CP" (Avena, 2019, p. 727), demonstrando assim ser incabível a aplicação do referido artigo e sendo a conduta do agente apenas considerada como ilícito civil.

Quando extinta a punibilidade do agente, ou seja, quando o juiz verifica que se faz presente quaisquer das hipóteses de extinção de punibilidade previstas no art. 107 do Código Penal, ele deve absolver sumariamente o réu.

Absolvição própria e imprópria

No caso de sentença absolutória própria, "a pretensão punitiva estatal será julgada improcedente sem a cominação de qualquer sanção" (Misaka, 2014, p. 17), estando prevista no art. 386 do Código de Processo Penal. A primeira e a segunda hipóteses de absolvição ocorrem quando estiver provada a inexistência do fato e quando não houver prova da existência do fato (art. 386, I e II, do Código de Processo Penal). Para essas hipóteses previstas, a decisão de absolvição se justifica em razão da prova material trazida nos autos ou até mesmo na ausência dela, pois a decisão judicial dependente de certeza, não podendo ser baseada em possibilidades, mas sim em elementos contundentes que possam condenar o agente, caso contrário, configura caso de absolvição (Pacelli, 2019).

Também ocorre a absolvição quando não constituir o fato infração penal (art. 386, III, do Código de Processo Penal), ou seja, trata-se da hipótese de reconhecimento de atipicidade da infração penal (Avena, 2019), ou, ainda, quando os elementos do conceito analítico do crime não estão todos presentes.

Da mesma forma, a sentença deve ser absolutória quando provado que o réu não concorreu para a infração penal e não existir prova de ter o réu concorrido para a infração penal (art. 386, IV e V, do Código de Processo Penal).

Como visto anteriormente, a existência de prova se faz necessária para a hipótese de condenação do réu. A primeira hipótese, de não haver prova de que o réu concorreu para a infração penal, foi incorporada pelo ordenamento jurídico a partir da Lei n. 11.690, de 9 de junho de 2008 (Brasil, 2008a), e a intenção do legislador foi limitar a coisa julgada ao âmbito cível, passando a necessitar que a vítima busque a produção de provas para que possa obter a indenização (Avena, 2019, p. 1.145).

Por fim, também caracteriza caso de absolvição a não existência de prova suficiente para a condenação (art. 386, VII, do Código de Processo Penal).

No que se refere à sentença absolutória imprópria, "embora se reconheça a improcedência da pretensão punitiva estatal [...] em razão da inimputabilidade do réu ser-lhe-á aplicada medida de segurança" (Misaka, 2014, p. 17), deixando assim de ser aplicada a pena "em razão de estar provada a inimputabilidade do acusado" (Marcão, 2018, p. 871).

A previsão da referida sentença está no art. 386, inciso VI, do Código de Processo Penal. Nesses casos, o juiz reconhece a autoria do fato e a materialidade, tendo o indicativo de condenação do agente, entretanto, por condições de inimputabilidade, o juiz não poderá de aplicar a pena criminal e determinará, portanto, a aplicação de medida de segurança.

O efeito principal da sentença absolutória é a garantia de liberdade do indivíduo. Em casos de sentença absolutória imprópria, deve ser analisado se o réu respondeu o processo em liberdade, sendo assim mantido livre, caso contrário, se ele tiver respondido o processo internado, assim ele permanecerá, aguardando ao final o trânsito em julgado para a aplicação da medida de segurança.

Já os efeitos secundários da sentença absolutória podem ser exemplificados com o levantamento de sequestro de bens, os cancelamentos de hipotecas que, porventura, tenham sido realizadas, bem como a restituição integral da fiança.

— 4.3 —
Coisa julgada

A coisa julgada pode ser definida como a imutabilidade dos efeitos da sentença penal que é conferida a partir do momento em que não possa ser impugnada por qualquer recurso (Dezem, 2017), impedindo, assim, que seja realizado qualquer questionamento em detrimento do caso penal julgado (Pacelli, 2011).

Essa estabilidade dada ao caso decorre do devido processo legal e se trata de resultado do modelo acusatório, que prevalece sobre o inquisitório. Caso contrário, haveria constante insegurança jurídica quanto às decisões proferidas (Rosa, 2019), bem como quanto à garantia de que ninguém será julgado duas vezes pelo mesmo fato (Lopes Júnior, 2017a).

Essa estabilidade atua na dimensão constitucional como "garantia individual" e, também, "processual (preclusão e imutabilidade da decisão)" (Lopes Júnior, 2017a, p. 914) – em qualquer uma das hipóteses mencionadas, trata-se de uma garantia a favor daquele que responde o processo penal, de tal forma que "somente se permite a revisão criminal quando favorável ao réu, logo, o reexame relativizador da coisa julgada somente se opera *pro reo*" (Lopes Júnior, 2017a, p. 914).

A coisa julgada divide-se em: coisa julgada formal; e coisa julgada material.

— 4.3.1 —
Coisa julgada formal

A coisa julgada formal refere-se à imutabilidade da decisão sobre a qual não se pode mais realizar a interposição de recurso (Marcão, 2018, p. 904), ou seja, ocorre "pelo esgotamento de todas as vias impugnativas possíveis", sendo caracterizada como um "fenômeno puramente processual" (Avena, 2019, p. 345), cabendo a ressalva de que "não impede a instauração de novo processo" (Marcão, 2018, p. 904). Um exemplo de coisa julgada formal se verifica no caso de uma decisão que acolhe a exceção de ilegitimidade de parte, extinguindo o processo sem resolução do mérito e, como consequência, poderá a parte ingressar novamente com o processo penal.

— 4.3.2 —
Coisa julgada material

A coisa julgada material ocorre quando, havendo decisão sobre o mérito, já não é possível a interposição de recurso, gerando a imutabilidade da matéria que foi analisada (Marcão, 2018). Diferentemente da coisa julgada formal, a coisa julgada material realiza a produção de efeitos processuais (Avena, 2019, p. 346).

Nas lições de Aury Lopes Júnior (2017a, p. 915),

> A coisa julgada formal e material pode ser pensada como os degraus da escada, ou seja, o primeiro degrau seria a produção da coisa julgada formal, dentro do processo, através da impossibilidade de novos recursos. Superado o primeiro degrau, pode a coisa julgada ser material, atingir o segundo degrau, nível em que os efeitos vinculatórios da decisão extrapolam os limites do processo originário, impedindo novos processos penais sobre o mesmo caso (ou seja, tendo como objeto o mesmo fato natural e o mesmo réu), sendo assim imutável.

A peculiaridade da coisa julgada em material penal reside no fato de que somente alcançará a plenitude de seus efeitos no que se refere à sentença absolutória ou então quando for declaratória de extinção de punibilidade, já que, nessas hipóteses, não é admitida a revisão criminal, mesmo que haja novas provas. Não é possível, assim, que aquele que respondeu um processo criminal por determinado fato e, ao final, tenha sido absolvido possa ser novamente acusado por aquele fato.

Com relação à sentença condenatória, ela é passível de revisão criminal a qualquer tempo, desde que antes da extinção da pena (art. 622 do Código de Processo Penal), "quando a sentença condenatória for contrária ao texto expresso da lei penal ou à evidência dos autos"; "se fundar em depoimentos, exames ou documentos comprovadamente falsos" ou "quando, após a sentença, se descobrirem novas provas de inocência do condenado ou de circunstância que determine ou autorize diminuição especial da pena", conforme dispõe o art. 621 do Código de Processo Penal.

Assim, a sentença penal condenatória "jamais produzirá uma plena imutabilidade de seus efeitos" (Lopes Júnior, 2017a, p. 916), em razão da possibilidade de revisão criminal.

Considerações finais

Ao escrevermos este livro, nosso objetivo propiciar o conhecimento sobre uma parte teórica extremamente necessária para aquele que busca o aprofundamento teórico sobre as temáticas apresentadas.

O conteúdo disposto em cada um dos capítulos foi pensado com o intuito não apenas de trazer de forma didática a apresentação das normas existentes sobre a matéria, mas também de destacar a doutrina crítica e diferenciada, bem como a exemplificação por meio dos julgados proferidos pelos tribunais pátrios.

O ponto de partida foi o capítulo sobre os sujeitos processuais, no qual abordamos as pessoas envolvidas no julgamento do caso penal, sendo o estudo relevante, já que, no deslinde processual, muitos dos sujeitos processuais estarão presentes. Portanto, devem ser entendidos os respectivos conceitos e os limites de atuação de cada um, como a busca pelo processo justo e igualitário, formado à luz das disposições constitucionais.

Em seguida, apresentamos cada um dos atos dentro do processo, evidenciando a necessidade da ruptura da ultrapassada teoria geral do processo, em que se consideram os institutos do processo civil, para que seja adotado um processo penal autônomo, com limites e categorias próprias.

Com a análise da comunicação dos atos processuais, em uma sequência didática de compreensão da disciplina processual penal, passamos ao exame dos procedimentos processuais penais, cuja importância é retratada no próprio título do livro. O estudo de forma pormenorizada permite ao leitor a compreensão de cada um dos estágios do procedimento, ressaltando as peculiaridades que lhes são inerentes.

Por fim, tratamos da classificação dos atos praticados pelos juízes durante a tramitação do processo, bem como das sentenças, as quais finalizam o procedimento processual penal. Ao final, explicamos o que é a coisa julgada, possibilitando ao leitor a plena compreensão do processo judicial criminal, desde os sujeitos que o compõem até a imutabilidade da decisão proferida.

Lista de siglas

ADC – Ação Declaratória de Constitucionalidade
ADI – Ação Direta de Inconstitucionalidade
ADPF – Arguição de Descumprimento de Preceito Fundamental
AgRg no Recurso Especial – Agravo Regimental no Recurso Especial
AgRg nos EDcl no REsp – Agravo Regimental nos Embargos de Declaração no Recurso Especial
AgR HC – Agravo Regimental em Habeas Corpus
CADH – Convenção Americana de Direitos Humanos
CF – Constituição Federal
CP – Código Penal

CPP – Código de Processo Penal

Fonaje – Fórum Nacional de Juizados Especiais

HC – Habeas Corpus

MP – Ministério Público

OAB – Ordem dos Advogados do Brasil

PET nos EDcl nos EDcl no AREsp – Embargos de Declaração nos Embargos de Declaração no Agravo Regimental no Agravo em Recurso Especial

RE – Recurso Extraordinário

REsp – Recurso Especial

RHC – Recurso Ordinário em Habeas Corpus

STF – Supremo Tribunal Federal

STJ – Superior Tribunal de Justiça

TJ – Tribunal de Justiça

Referências

ALFERES, E. H.; GIMENES, E. V.; ALFERES, P. B. de A. **Lei Maria da Penha explicada**: doutrina e prática. São Paulo: Edipro, 2016.

ALVES, A. H. **Regime jurídico da magistratura**. 2. ed. São Paulo: Saraiva, 2014.

ANGELO, T. Com lei "anticrime", juiz ainda pode condenar mesmo que o MP peça absolvição. **Consultor Jurídico**, 16 jan. 2020. Disponível em: <https://www.conjur.com.br/2020-jan-16/juiz-ainda-condenar-mesmo-mp-peca-absolvicao-reu>. Acesso em: 16 jul. 2021.

AVENA, N. **Processo penal**. 11. ed. Rio de Janeiro: Forense, São Paulo: Método, 2019.

AVENA, N. **Processo penal**. 12. ed. Rio de Janeiro: Forense; São Paulo: Método, 2020.

BITENCOURT, C. R. **Tratado de direito penal**: parte geral. 25. ed. São Paulo: Saraiva, 2019. v. 1.

BONFIM, E. M. **Curso de processo penal**. 13. ed. São Paulo: Saraiva, 2019.

BORGES, C. M. R. **Jurisdição e normalização**: uma análise foucaultiana da jurisdição penal. 200 f. Tese (Doutorado em Direito) – Universidade Federal do Paraná, Curitiba, 2005. Disponível em: <https://acervodigital.ufpr.br/handle/1884/33496>. Acesso em: 16 jul. 2021.

BRASIL. Conselho Nacional de Justiça. **Enunciados do Fórum Nacional de Juizados Especiais**: enunciados criminais. Disponível em: <https://www.cnj.jus.br/corregedoria-nacional-de-justica/redescobrindo-os-juizados-especiais/enunciados-fonaje/enunciados-criminais>. Acesso em: 16 jul. 2021a.

BRASIL. Conselho Nacional de Justiça. **Reclamação para Garantia das Decisões 0006866-92.2016.2.00.02000**. 9 dez. 2016a. Disponível em: <https://www.conjur.com.br/dl/suspensao-prazos-cpc-nao-aplica.pdf>. Acesso em: 16 jul. 2021.

BRASIL. Conselho Nacional de Justiça. Resolução n. 75, de 12 de maio de 2009. **Diário da Justiça Eletrônico**, 7 nov. 2011a. Disponível em: <https://atos.cnj.jus.br/atos/detalhar/100>. Acesso em: 16 jul. 2021.

BRASIL. Constituição (1988). **Diário Oficial da União**, Brasília, 5 out. 1988. Disponível em: <http://www.planalto.gov.br/ccivil_03/constituicao/constituicao.htm>. Acesso em: 16 jul. 2021.

BRASIL. Decreto-Lei n. 2.848, de 7 de dezembro de 1940. Código Penal. **Diário Oficial da União**, Poder Executivo, Brasília, 31 dez. 1940. Disponível em: <http://www.planalto.gov.br/ccivil_03/decreto-lei/del2848compilado.htm>. Acesso em: 16 jul. 2021.

BRASIL. Decreto-Lei n. 3.689, de 3 de outubro de 1941. Código de Processo Penal. **Diário Oficial da União**, Poder Executivo, 13 out. 1941. Disponível em: <http://www.planalto.gov.br/ccivil_03/decreto-lei/del3689.htm>. Acesso em: 16 jul. 2021.

BRASIL. Lei Complementar n. 35, de 14 de março de 1979. **Diário Oficial da União**, 14 mar. 1979. Disponível em: <http://www.planalto.gov.br/ccivil_03/leis/lcp/lcp35.htm>. Acesso em: 16 jul. 2021.

BRASIL. Lei n. 10.406, de 10 de janeiro de 2002. Institui o Código Civil. **Diário Oficial da União**, Poder Legislativo, Brasília, 11 jan. 2002a. Disponível em: <https://www2.camara.leg.br/legin/fed/lei/2002/lei-10406-10-janeiro-2002-432893-publicacaooriginal-1-pl.html>. Acesso em: 16 jul. 2021.

BRASIL. Lei n. 10.792, de 19 de dezembro de 2006. **Diário Oficial da União**, Poder Legislativo, Brasília, 20 dez. 2006a. Disponível em: <http://www.planalto.gov.br/ccivil_03/_ato2004-2006/2006/lei/l11419.htm>. Acesso em: 16 jul. 2021.

BRASIL. Lei n. 11.101, de 9 de fevereiro de 2005. **Diário Oficial da União**, Poder Executivo, 9 fev. 2005. Disponível em: <http://www.planalto.gov.br/ccivil_03/_ato2004-2006/2005/lei/l11101.htm>. Acesso em: 16 jul. 2021.

BRASIL. Lei n. 11.340, de 7 de agosto de 2006. **Diário Oficial da União**, Poder Legislativo, 8 ago. 2006b. Disponível em: <http://www.planalto.gov.br/ccivil_03/_ato2004-2006/2006/lei/l11340.htm>. Acesso em: 16 jul. 2021.

BRASIL. Lei n. 11.343, de 23 de agosto de 2006. **Diário Oficial da União**, 24 ago. 2006c. Disponível em: <http://www.planalto.gov.br/ccivil_03/_ato2004-2006/2006/lei/l11343.htm>. Acesso em: 16 jul. 2021.

BRASIL. Lei n. 11.419, de 1º de dezembro de 2003. **Diário Oficial da União**, Poder Executivo, Brasília, 2 dez. 2003a. Disponível em: <http://www.planalto.gov.br/ccivil_03/leis/2003/l10.792.htm>. Acesso em: 16 jul. 2021.

BRASIL. Lei n. 11.690, de 9 de junho de 2008. **Diário Oficial da União**, Poder Executivo, Brasília, 10 jun. 2008a. Disponível em: <http://www.planalto.gov.br/ccivil_03/_ato2007-2010/2008/lei/l11690.htm>. Acesso em: 16 jul. 2021.

BRASIL. Lei n. 11.719, de 20 de junho de 2008. **Diário Oficial da União**, Poder Executivo, Brasília, 23 jun. 2008b. Disponível em: <http://www.planalto.gov.br/ccivil_03/_ato2007-2010/2008/lei/l11719.htm>. Acesso em: 16 jul. 2021.

BRASIL. Lei n. 13.105, de 16 de março de 2015. Código de Processo Civil. **Diário Oficial da União**, Poder Legislativo, 17 mar. 2015a. Disponível em: <http://www.planalto.gov.br/ccivil_03/_ato2015-2018/2015/lei/l13105.htm>. Acesso em: 16 jul. 2021.

BRASIL. Lei n. 13.363, de 25 de novembro de 2016. **Diário Oficial da União**, 25 nov. 2016b. Disponível em: <http://www.planalto.gov.br/ccivil_03/_ato2015-2018/2016/lei/l13363.htm>. Acesso em: 16 jul. 2021.

BRASIL. Lei n. 13.715, de 24 de setembro de 2018. **Diário Oficial da União**, Poder Legislativo, Brasília, 25 set. 2018a. Disponível em: <http://www.planalto.gov.br/ccivil_03/_ato2015-2018/2018/lei/L13715.htm>. Acesso em: 16 jul. 2021.

BRASIL. Lei n. 13.728, de 31 de outubro de 2018. **Diário Oficial da União**, Poder Legislativo, 1º nov. 2018b. Disponível em: <http://www.planalto.gov.br/ccivil_03/_ato2015-2018/2018/lei/L13728.htm>. Acesso em: 16 jul. 2021.

BRASIL. Lei n. 13.869, de 5 de setembro de 2019. **Diário Oficial da União**, Poder Legislativo, 5 set. 2019a. Disponível em: <http://www.planalto.gov.br/ccivil_03/_Ato2019-2022/2019/Lei/L13869.htm>. Acesso em: 16 jul. 2021.

BRASIL. Lei n. 3.071, de 1º de janeiro de 1916. Código Civil dos Estados Unidos do Brasil. **Diário Oficial da União**, 5 jan. 1916. Coleção de Leis do Brasil. Disponível em: <https://www.planalto.gov.br/ccivil_03/leis/l3071.htm>. Acesso em: 16 jul. 2021.

BRASIL. Lei n. 4.737, de 15 de julho de 1965. **Diário Oficial da União**, Poder Executivo, 19 jul. 1965a. Disponível em: <http://www.planalto.gov.br/ccivil_03/leis/l4737compilado.htm>. Acesso em: 16 jul. 2021.

BRASIL. Lei n. 4.898, de 9 de dezembro de 1965. **Diário Oficial da União**, Poder Legislativo, 13 dez. 1965b. Disponível em: <http://www.planalto.gov.br/ccivil_03/leis/l4898.htm>. Acesso em: 16 jul. 2021.

BRASIL. Lei n. 5.010, de 30 de maio de 1966. **Diário Oficial da União**, 1º jun. 1966. Disponível em: <http://www.planalto.gov.br/ccivil_03/leis/L5010.htm>. Acesso em: 16 jul. 2021.

BRASIL. Lei n. 8.658, de 26 de maio de 1993. **Diário Oficial da União**, Poder Legislativo, 27 maio 1993. Disponível em: <http://www.planalto.gov.br/ccivil_03/LEIS/L8658.htm>. Acesso em: 16 jul. 2021.

BRASIL. Lei n. 8.906, de 4 de julho de 1994. **Diário Oficial da União**, Poder Legislativo, Brasília, 5 jul. 1994. Disponível em: <http://www.planalto.gov.br/ccivil_03/leis/l8906.htm>. Acesso em: 16 jul. 2021.

BRASIL. Lei n. 9.099, de 26 de setembro de 1995. **Diário Oficial da União**, Poder Legislativo, 27 set. 1995. Disponível em: <http://www.planalto.gov.br/ccivil_03/leis/l9099.htm>. Acesso em: 16 jul. 2021.

BRASIL. Lei n. 9.605, de 12 de fevereiro de 1998. **Diário Oficial da União**, Poder Legislativo, Brasília, 13 fev. 1998a. Disponível em: <http://www.planalto.gov.br/ccivil_03/leis/l9605.htm>. Acesso em: 16 jul. 2021.

BRASIL. Lei n. 9.613, de 3 de março de 1998. **Diário Oficial da União**, Poder Legislativo, 4 mar. 1998b. Disponível em: <http://www.planalto.gov.br/ccivil_03/leis/l9613.htm>. Acesso em: 16 jul. 2021.

BRASIL. Superior Tribunal de Justiça. AgRg no AREsp 853.692/SP. Relator: Ministro Rogerio Schietti Cruz. 6ª Turma. Julgado em 17 de outubro de 2017. **Diário da Justiça**, 27 out. 2017a.

BRASIL. Superior Tribunal de Justiça. AgRg no HC 584.784/SP, Relator: Ministro Reynaldo Soares da Fonseca. 5ª Turma. Julgado em 2 de fevereiro de 2021. **Diário da Justiça**, 4 fev. 2021b.

BRASIL. Superior Tribunal de Justiça. AgRg no HC 625.655/PE. Relator: Ministro João Otávio de Noronha. 5ª Turma. Julgado em 1º de fevereiro de 2020. **Diário da Justiça**, 7 dez. 2020a.

BRASIL. Superior Tribunal de Justiça. AgRg no HC 625655/PE 2020/0298779-4. Relator: Ministro João Otávio de Noronha. 5ª Turma. Julgado em 1º de dezembro de 2020. **Diário da Justiça**, 7 dez. 2020b.

BRASIL. Superior Tribunal de Justiça. AgRg no Recurso Especial 1.612.551-RJ. 2016/0179974-0. Relator: Ministro Reynaldo Soares da Fonseca. 5ª Turma. Julgado em 2 de fevereiro de 2017. **Diário da Justiça**, 10 fev. 2017b.

BRASIL. Superior Tribunal de Justiça. AgRg nos EDcl no REsp 1230482/CE. Relator: Ministro Sebastião Reis Júnior. 6ª Turma. Julgado em 29 de maio de 2012. **Diário da Justiça**, 11 jun. 2012a.

BRASIL. Superior Tribunal de Justiça. AgRr no HC 544488/PR 2019/0335408-7. Relator: Ministro Felix Fischer. Julgado em 1º de setembro de 2020. **Diário da Justiça**, 9 set. 2020c.

BRASIL. Superior Tribunal de Justiça. HC 198058/SP. Relatora: Ministra Maria Thereza de Assis Moura. 6ª Turma. Julgado em 4 de fevereiro de 2014. **Diário da Justiça**, 18 fev. 2014a.

BRASIL. Superior Tribunal de Justiça. HC 224.343/MS. Relator: Ministro Jorge Mussi, 5ª Turma. Julgado em 25 de setembro de 2012. **Diário da Justiça**, 9 out. 2012b.

BRASIL. Superior Tribunal de Justiça. HC 324.206/RJ, Relatora: Ministra Maria Thereza de Assis Moura. 6ª Turma. Julgado em 4 de agosto de 2015. **Diário da Justiça**, 17 ago. 2015b.

BRASIL. Superior Tribunal de Justiça. HC 338.540/SP. Relator: Ministro Reynaldo Soares da Fonseca. 5ª Turma. Julgado em 14 de setembro de 2017. **Diário da Justiça**, 21 set. 2017c.

BRASIL. Superior Tribunal de Justiça. HC 607.356/PR. Relator: Ministro Nefi Cordeiro. 6ª Turma. Julgado em 15 de setembro de 2020. **Diário da Justiça**, 18 dez. 2020d.

BRASIL. Superior Tribunal de Justiça. PET nos EDcl nos EDcl no AREsp 1486037/PR, Relator: Ministro Nefi Cordeiro. 6ª Turma. Julgado em 16 de junho de 2020. **Diário da Justiça**, 23 jun. 2020e.

BRASIL. Superior Tribunal de Justiça. REsp 1418070/RJ 2013/0304210-9. Relator: Ministro Joel Ilan Paciornik. Julgado em 25 de junho de 2018. **Diário da Justiça**, 27 jun. 2018c.

BRASIL. Superior Tribunal de Justiça. REsp 1790039/RS. Relator: Ministro Rogerio Schietti Cruz. 6ª Turma. Julgado em 18 de junho de 2019. **Diário da Justiça**, 2 ago. 2019b.

BRASIL. Superior Tribunal de Justiça. REsp 329.683/RO. Relator: Ministro Paulo Medina. 6ª Turma. Julgado em 25 de novembro de 2008. **Diário da Justiça**, 2 fev. 2009a.

BRASIL. Superior Tribunal de Justiça. RHC 107.985/PR. Relator: Ministro Reynaldo Soares da Fonseca. 5ª Turma. Julgado em 25 de junho de 2019. **Diário da Justiça**, 5 ago. 2019c.

BRASIL. Superior Tribunal de Justiça. RHC 133.974/SP. Relator: Ministro Felix Fischer. 5ª Turma. Julgado em 6 de outubro de 2020. **Diário da Justiça**, 16 out. 2020f.

BRASIL. Superior Tribunal de Justiça. RHC 24752/MG 2008/0234795-5. Relator: Ministro Jorge Mussi. 5ª Turma. Julgado em 5 de outubro de 2010. **Diário da Justiça**, 13 dez. 2010.

BRASIL. Superior Tribunal de Justiça. RHC 35.239/DF. Relator: Ministro Jorge Mussi. 5ª Turma. Julgado em 16 de maio de 2013. **Diário da Justiça**, 29 maio 2013.

BRASIL. Superior Tribunal de Justiça. RHC 61.248/GO. Relator: Ministro Joel Ilan Paciornik. 5ª Turma. Julgado em 19 de junho de 2018. **Diário da Justiça**, 29 jun. 2018d.

BRASIL. Superior Tribunal de Justiça. RHC 72.639/PI. Relatora: Ministra Maria Thereza de Assis Moura. 6ª Turma. Julgado em 8 de novembro de 2016. **Diário da Justiça**, 22 nov. 2016c.

BRASIL. Superior Tribunal de Justiça. Súmula n. 273. **Diário da Justiça**, 11 set. 2002b. Disponível em: <https://www.stj.jus.br/docs_internet/revista/eletronica/stj-revista-sumulas-2011_20_capSumula273.pdf>. Acesso em: 16 jul. 2021.

BRASIL. Superior Tribunal de Justiça. Súmula n. 330. **Diário da Justiça**, 20 set. 2006d. Disponível em: <https://www.stj.jus.br/publicacaoinstitucional/index.php/sumstj/author/proofGalleyFile/5671/5794>. Acesso em: 16 jul. 2021.

BRASIL. Superior Tribunal de Justiça. Súmula n. 415. **Diário da Justiça**, 13 dez. 1961a. Disponível em: <https://scon.stj.jus.br/SCON/sumanot/toc.jsp?livre=%28sumula%20adj1%20%27415%27%29.sub>. Acesso em: 16 jul. 2021.

BRASIL. Superior Tribunal de Justiça. Súmula n. 536. **Diário da Justiça**, 12 dez. 1969a. Disponível em: <https://scon.stj.jus.br/SCON/sumanot/toc.jsp?livre=(sumula%20adj1%20%27536%27).sub.>. Acesso em: 16 jul. 2021.

BRASIL. Supremo Tribunal Federal. ADC n. 19/DF. Relator: Ministro Marco Aurélio. Julgado em 9 de fevereiro de 2012. **Diário da Justiça**, 28 abr. 2014b.

BRASIL. Supremo Tribunal Federal. ADC n. 43/DF. Relator: Marco Aurélio. Tribunal Pleno. Julgado em 7 de novembro de 2019. **Diário da Justiça**, 12 nov. 2020g.

BRASIL. Supremo Tribunal Federal. ADC n. 44/DF. Relator: Marco Aurélio. Tribunal Pleno. Julgado em 7 de novembro de 2019. **Diário da Justiça**, 12 nov. 2020h.

BRASIL. Supremo Tribunal Federal. ADC n. 54/DF. Relator: Marco Aurélio. Tribunal Pleno. Julgado em 7 de novembro de 2019. **Diário da Justiça**, 12 nov. 2020i.

BRASIL. Supremo Tribunal Federal. ADI 5329/DF. Relator: Ministro Marco Aurélio. Redator do acórdão: Ministro Alexandre de Moraes. Julgado em 15 de fevereiro de 2020. **Diário da Justiça**, 23 fev. 2021c.

BRASIL. Supremo Tribunal Federal. ADI 6.298 MC/DF. Relator: Ministro Luiz Fux. Pendente de julgamento. **Diário da Justiça**, 30 jun. 2021d.

BRASIL. Supremo Tribunal Federal. ADI n. 4.277/DF. Relator: Ayres Britto. Tribunal Pleno. Julgado em 5 de maio de 2011. **Diário da Justiça**, 14 out. 2011b.

BRASIL. Supremo Tribunal Federal. ADPF n. 132/RJ. Relator: Ayres Britto. Tribunal Pleno. Julgado em 5 de maio de 2011. **Diário da Justiça**, 14 out. 2011c.

BRASIL. Supremo Tribunal Federal. AgR HC 144.018/SP. Relator: Ministro Alexandre de Moraes. 1ª Turma. Julgado em 7 de novembro de 2017. **Diário da Justiça**, 17 nov. 2017d.

BRASIL. Supremo Tribunal Federal. ARE 1.086.135-AgR/SP. Relator: Ministro Celso de Mello. 2ª Turma. Julgado em 16 de março de 2018. **Diário da Justiça**, 23 abr. 2018e.

BRASIL. Supremo Tribunal Federal. ARE 1191758 AgR-AgR/MA. Relator: Ministra Carmem Lúcia. Julgado em 5 nov. 2019. **Diário da Justiça**, 25 nov. 2019d.

BRASIL. Supremo Tribunal Federal. HC 102965/RJ. Relatora: Ministra Ellen Gracie. Julgado em 30 de novembro de 2010. 2ª Turma. **Diário da Justiça**, 30 out. 2014c.

BRASIL. Supremo Tribunal Federal. HC 123.494/ES. Relator. Ministro Teori Zavascki. 2ª Turma. Julgado em 16 de fevereiro de 2016. **Diário da Justiça**, 2 mar. 2016d.

BRASIL. Supremo Tribunal Federal. RE 548181/PR. Relatora: Rosa Weber. 1ª Turma. Julgado em 6 de agosto de 2013. **Diário da Justiça**, 30 out. 2014d.

BRASIL. Supremo Tribunal Federal. RE 635145/RS. Relator: Ministro Marco Aurélio. Julgado em 1º de agosto de 2016. **Diário da Justiça**, 13 set. 2017e.

BRASIL. Supremo Tribunal Federal. RHC 190414 AgR. Relator: Alexandre de Moraes. 1ª Turma. Julgado em 5 de outubro de 2020. **Diário da Justiça**, 14 out. 2020j.

BRASIL. Supremo Tribunal Federal. RHC 85658. Relator: Cezar Peluso. 1ª Turma. Julgado em 21 de junho de 2005. **Diário da Justiça**, 12 ago. 2015c.

BRASIL. Supremo Tribunal Federal. Súmula n. 155. **Diário da Justiça**, 26 ago. 1961b. Disponível em: <http://www.stf.jus.br/portal/jurisprudencia/menuSumarioSumulas.asp?sumula=2743>. Acesso em: 16 jul. 2021.

BRASIL. Supremo Tribunal Federal. Súmula n. 351. **Diário da Justiça**, 13 dez. 1963. Disponível em: <http://www.stf.jus.br/portal/jurisprudencia/menuSumarioSumulas.asp?sumula=2755>. Acesso em: 16 jul. 2021.

BRASIL. Supremo Tribunal Federal. Súmula n. 354. **Diário da Justiça**, 3 jun. 2014e. Disponível em: <http://www.stf.jus.br/portal/jurisprudencia/menuSumarioSumulas.asp?sumula=2630>. Acesso em: 16 jul. 2021.

BRASIL. Supremo Tribunal Federal. Súmula n. 523. **Diário da Justiça**, 12 dez. 1969b. Disponível em: <http://www.stf.jus.br/portal/jurisprudencia/menuSumarioSumulas.asp?sumula=2729>. Acesso em: 16 jul. 2021.

BRASIL. Supremo Tribunal Federal. Súmula n. 696. **Diário da Justiça**, 13 out. 2003b. Disponível em: <http://www.stf.jus.br/portal/jurisprudencia/menuSumarioSumulas.asp?sumula=2666>. Acesso em: 16 jul. 2021.

BRASIL. Supremo Tribunal Federal. Súmula n. 707. **Diário da Justiça**, 13 out. 2003c. Disponível em: <http://www.stf.jus.br/portal/jurisprudencia/menuSumarioSumulas.asp?sumula=2641>. Acesso em: 16 jul. 2021.

BRASIL. Supremo Tribunal Federal. Súmula n. 709. **Diário da Justiça**, 13 out. 2003d. Disponível em: <http://www.stf.jus.br/portal/jurisprudencia/menuSumarioSumulas.asp?sumula=2637>. Acesso em: 16 jul. 2021.

BRASIL. Supremo Tribunal Federal. Súmula n. 710. **Diário da Justiça**, 13 out. 2003e. Disponível em: <http://www.stf.jus.br/portal/jurisprudencia/menuSumarioSumulas.asp?sumula=2634>. Acesso em: 16 jul. 2021.

BRASIL. Supremo Tribunal Federal. Súmula n. 723. **Diário da Justiça**, 12 nov. 2003f. Disponível em: <http://www.stf.jus.br/portal/jurisprudencia/menuSumarioSumulas.asp?sumula=2651>. Acesso em: 16 jul. 2021.

BRASIL. Supremo Tribunal Federal. Súmula Vinculante n. 14. **Diário da Justiça**, 9 fev. 2009b. Disponível em: <http://www.stf.jus.br/portal/jurisprudencia/menuSumario.asp?sumula=1230>. Acesso em: 16 jul. 2021.

BRASIL. Supremo Tribunal Federal. Súmula Vinculante n. 35. **Diário da Justiça**, 24 abr. 2014f. Disponível em: <http://www.stf.jus.br/portal/jurisprudencia/menuSumario.asp?sumula=1953>. Acesso em: 16 jul. 2021.

BUENO, C. S. **Manual de direito processual civil**. 4. ed. São Paulo: Saraiva Educação, 2018.

CAMPOS, W. C. **Tribunal do Júri**: teoria e prática. 6. ed. São Paulo: Atlas, 2018.

CARNELUTTI, F. **As misérias do processo penal**. Tradução de Carlos Eduardo Trevelin Millan. São Paulo: Pillares, 2009.

CAVALIERI FILHO, S. Direito, justiça e sociedade. **Revista da EMERJ**, Rio de Janeiro, v. 5, n. 18, p. 58-65, 2002.

CHOUKR, F. H. **Código de Processo Penal**: comentários consolidados e critica jurisprudencial. 6. ed. São Paulo: Saraiva, 2014.

COUTINHO, J. N. de M. O papel do novo juiz no processo penal. **Revista da Faculdade de Direito da UFPR**, Curitiba, n. 30, 1998, p. 163-198.

CUNHA, R. S. **Código Penal para concursos**. 11. ed. rev., atual. e ampl. Salvador: JusPodivm, 2018.

DEZEM, G. M. **Curso de processo penal**. 3. ed. rev., atual. e ampl. São Paulo: Revista dos Tribunais, 2017.

DIAS, M. B. **Lei Maria da Penha**: a efetividade da Lei 11.340/2006 de combate à violência doméstica e familiar contra a mulher. 4. ed. rev. e atual. São Paulo: RT, 2015.

FERNANDES, V. D. S. **Lei Maria da Penha**: o processo penal no caminho da efetividade – abordagem jurídica e multidisciplinar. São Paulo: Atlas, 2015.

FERRAJOLI, L. **Derecho y Razon**: Teoría del Garantismo Penal. Madrid: Editorial Trotta, 1995.

FERRAJOLI, L. **Direito e razão**: teoria do garantismo penal. 6. ed. São Paulo: Revista dos Tribunais, 2002.

FRAGOSO, H. C. **Lições de direito penal**: parte especial. Rio de Janeiro: Forense, 1984. v. 4.

GOMES, M. G. de M. Art. 23. In: SCHAUN, M.; GRECO FILHO, V. (Coord.). **Código Penal comentado**: doutrina e jurisprudência. Barueri: Manole, 2016.

GRAU, E. Juízes interpretam e aplicam a Constituição e as leis, não fazem justiça. **Consultor Jurídico**, 14 maio 2018. Disponível em: <https://www.conjur.com.br/2018-mai-14/eros-grau-juizes-aplicam-direito-nao-fazem-justica>. Acesso em: 16 jul. 2020.

HABIB, G. **Leis penais especiais**: volume único. 10. ed. rev. e ampl. Salvador: Juspodivm, 2018.

KELSEN, H. **Teoria pura do direito**. Tradução de João Baptista Machado. 6. ed. São Paulo: M. Fontes, 1998.

LIMONGI, C. L. A função do juiz é interpretar e aplicar a lei, tudo em uma só operação. **Consultor Jurídico**, 19 ago. 2018. Disponível em: <https://www.conjur.com.br/2018-ago-19/celso-luiz-limongi-funcao-juiz-interpretar-aplicar-lei>. Acesso em: 16 jul. 2021.

LOPES JÚNIOR, A. De qualquer lado que se olhe, revelia é incompatível com o processo penal. **Consultor Jurídico**, 8 abr. 2016. Disponível em: <https://www.conjur.com.br/2016-abr-08/limite-penal-revelia-incompativel-processo-penal>. Acesso em: 16 jul. 2021.

LOPES JÚNIOR, A. **Direito processual penal**. 14. ed. São Paulo: Saraiva, 2017a.

LOPES JÚNIOR, A. **Direito processual penal**. 15. ed. São Paulo: Saraiva, 2018.

LOPES JÚNIOR, A. **Direito processual penal**. 17. ed. São Paulo: Saraiva, 2020a.

LOPES JÚNIOR, A. **Fundamentos do processo penal**. 3. ed. São Paulo: Saraiva, 2017b.

LOPES JÚNIOR, A. **Fundamentos do processo penal**. 6. ed. São Paulo: Saraiva, 2020b.

LOPES JÚNIOR, A.; ROSA, A. M. Quando o juiz já sabia: a importância da originalidade cognitiva no processo penal. **Consultor Jurídico**, 29 abr. 2016. Disponível em: <https://www.conjur.com.br/2016-abr-29/limite-penal-quando-juiz-sabia-importancia-originalidade-cognitiva-processo-penal#_ftn2>. Acesso em: 16 jul. 2021.

MARCÃO, R. **Código de processo penal comentado**. São Paulo: Saraiva, 2016.

MARCÃO, R. **Curso de processo penal**. 4. ed. rev., ampl. e atual. São Paulo: Saraiva, 2018.

MARCÃO, R. **Curso de processo penal**. 6. ed. rev., ampl. e atual. São Paulo: Saraiva, 2020.

MARCATO, A. C. Art. 95. In: EDITORA FORENSE. **Constituição Federal comentada**. Rio de Janeiro: Forense, 2018.

MENDES, S. da R. **Processo penal feminista**. São Paulo: Atlas, 2020.

MISAKA, M. Y. **Sentença criminal**. São Paulo: Método, 2014.

MOREIRA, R. de A. A contagem dos prazos no processo penal e a alteração na Lei 9.099/95. **Consultor Jurídico**, 2 nov. 2018. Disponível em: <https://www.conjur.com.br/2018-nov-02/romulo-moreira-contagem-prazos-processo-penal>. Acesso em: 16 jul. 2021.

MOREIRA, R. de A. Juiz das garantias? In: ROSA, A. M. et al. **Pacote anticrime**: reformas processuais – reflexões críticas à luz da Lei 13.964/2019. Florianópolis/SC: EMais, 2020.

MOSSIN, H. A. **Compêndio de processo penal**: curso completo. São Paulo: Manole, 2010.

PACELLI, E. de, FISCHER, D. **Comentários ao Código de Processo Penal e sua jurisprudência**. 11. ed. São Paulo: Atlas, 2019.

PACELLI, E. de. Comentários ao Código de Processo Penal e sua jurisprudência. In: PACELLI, E. de, FISCHER, D. **Comentários ao Código de Processo Penal e sua jurisprudência**. 11. ed. São Paulo: Atlas, 2019.

PACELLI, E. de. **Curso de processo penal**. 15. ed. rev. e ampl. São Paulo: Atlas, 2011.

PACELLI, E. de. **Curso de processo penal**. 22. ed. rev. atual. e ampl. São Paulo: Atlas, 2018.

PACELLI, E. de. **Curso de processo penal**. 24. ed. rev. atual. e ampl. São Paulo: Atlas, 2020.

PARANÁ. Tribunal de Justiça. Processo n. 364903-6. Relator: Desembargador Oto Luiz Sponholz. 1ª Câmara Criminal. Julgado em 11 de janeiro de 2007. **Diário da Justiça**, 2 fev. 2007.

PEREIRA, Á. P. Direito, justiça, moral e ética. **Revista da EMERJ**, Rio de Janeiro, v. 4, n. 13, p. 132-134, 2001.

PINTO, F. M.; BRENER, P. A eficácia do contraditório no processo penal: atuação e legitimação para além da legalidade. **Revista Eletrônica CNJ**, v. 3, n. 1, p. 37-50, jan./jun. 2019.

PORTO, M. M. Estética do Direito. **Revista do Curso de Direito da UFRN**, Natal, v. 1, n. 1, jan./jun. 1996. p. 17-27.

POZZEBON, F. F. de Á. A imparcialidade do juiz criminal enquanto ausência de causas de impedimento ou de suspeição. **Direito & Justiça**, v. 39, n. 1, p. 116-120, jan./jun. 2013. Disponível em: <http://capa.tre-rs.gov.br/arquivos/POZZEBON_imparcialidade_juiz.pdf>. Acesso em: 16 jul. 2021.

PRADO, L. R. **Curso de direito penal brasileiro**: parte especial. 15. ed. rev., atual. e reformulada. São Paulo: Revista dos Tribunais, 2017a. v. 2.

PRADO, L. R. **Curso de direito penal**: parte geral. 15. ed. rev., atual. e reformulada. São Paulo: Revista dos Tribunais, 2017b. v. 1.

RANGEL, P. **Direito processual penal**. 27. ed. São Paulo: Atlas, 2019.

RANGEL, P. **Direito processual penal**. 28. ed. São Paulo: Atlas, 2020.

RIO GRANDE DO SUL. Tribunal de Justiça. Sétima Câmara Criminal. CJ 70059801332/RS. Relator: José Antônio Daltoé Cezar. Julgado em 7 de agosto de 2014. **Diário da Justiça**, 13 ago. 2014.

ROSA, A. M. da. **Guia de processo penal conforme a teoria dos jogos**. 5. ed. rev., atual e ampl. Florianópolis: EMais, 2019.

ROSA, A. M. da. **Guia de processo penal conforme a teoria dos jogos**. 6. ed. Florianópolis: EMais, 2020.

ROSA, A. M. da; ROCHA, J. B. A Defensoria como *player* garantidor do contraditório e da ampla defesa. **Consultor Jurídico**, 14 out. 2017. Disponível em: <https://www.conjur.com.br/2017-out-14/diario-classe-defensoria-player-garantidor-contraditorio-ampla-defesa>. Acesso em: 16 jul. 2021.

SARLET, I. W. **A eficácia dos direitos fundamentais**. 10. ed., rev. e atual, Porto Alegre: Livraria do Advogado, 2011.

SILVA, B. I. S. A morte do in dubio pro reo ante o recebimento da denúncia com base no in dubio pro societate. **Sala de Aula Criminal**, 26 maio 2020. Disponível em: <http://www.salacriminal.com/home/a-morte-do-in-dubio-pro-reo-ante-o-recebimento-da-denuncia-com-base-no-in-dubio-pro-societate>. Acesso em: 16 jul. 2020.

SILVEIRA, F. L. da; CAMARGO, R. O. de. Uma ilha acusatória em meio a um oceano de inquisitorialidades: perspectivas sobre a introdução do juiz das garantias no processo penal brasileiro. In: ROSA, A. M. et al. **Pacote anticrime**: reformas processuais – reflexões críticas à luz da Lei 13.964/2019. Florianópolis/SC: EMais, 2020.

SLAIBI FILHO, N. **Magistratura e gestão judiciária**. Rio de Janeiro: Forense, 2016.

STASIAK, V. O princípio do promotor natural e sua relevância na administração da justiça. **Revista dos Tribunais**, v. 771, p. 484-496, jan. 2000.

STRECK, L. L. Suspeição de Moro: o que fazer quando se sabe que se sabe? **Consultor Jurídico**, 25 maio 2020. Disponível em: <https://www.conjur.com.br/2020-mai-25/lenio-streck-suspeicao-moro>. Acesso em: 16 jul. 2021.

TUCCI, R. L. Processo e procedimentos penais. **Revista dos Tribunais**, v. 1, p. 457-478, jun. 2012. (Coleção Doutrinas Essenciais: Processo Penal).

TUCCI, R. L. **Teoria do direito processual penal**: jurisdição, ação e processo penal – estudo sistemático. São Paulo: Revista dos Tribunais, 2002.

VELASCO, I. M. P. Direito, jurisprudência e justiça no pensamento clássico (greco-romano). **Revista da Faculdade de Direito da Universidade de São Paulo**, v. 101, p. 21-32, jan./dez. 2006.

ZAFFARONI, F. R. **Manual de direito penal brasileiro**. 12. ed. rev. e atual. São Paulo: Revista dos Tribunais, 2018.

ZILLI, M. Simbioses e parasitismos na ciência processual: as indevidas interações entre os processos civil e penal. **IBCCRIM**, 2 maio 2016. Disponível em <https://www.ibccrim.org.br/noticias/exibir/6478>. Acesso em: 16 jul. 2021.

Sobre a autora

Bruna Isabelle Simioni Silva é doutoranda e mestra em Direitos Fundamentais e Democracia pelo Centro Universitário Autônomo do Brasil (UniBrasil). É professora no Centro Universitário Internacional Uninter, nas disciplinas de Direito Penal, Processo Penal e Núcleo de Prática Jurídica – Área Penal; professora responsável pelo Grupo de Estudos de Direitos da Mulher do Centro Universitário Internacional Uninter; professora do Curso Jurídico; e professora convidada da pós-graduação da Escola da Magistratura Estadual de Santa Catarina (Esmesc). É advogada inscrita na Ordem dos Advogados do Brasil (OAB), Seção Paraná.

Os papéis utilizados neste livro, certificados por instituições ambientais competentes, são recicláveis, provenientes de fontes renováveis e, portanto, um meio responsável e natural de informação e conhecimento.

FSC
www.fsc.org
MISTO
Papel produzido a partir de fontes responsáveis
FSC® C103535

Impressão: Reproset
Outubro/2021